André Marcelo M. Soares
Antonio Luiz G. Albernaz
Benigno Sobral
Maria Madalena Soares de Souza Esteves
Renato da Silveira Borges Neto

Conhecimento e Sociedade

5

Edição comemorativa de cinco anos

Real Engenho

© 2015 by André Marcelo M. Soares,
Antonio Luiz G. Albernaz,
Benigno Sobral,
Maria Madalena Soares de Souza Esteves,
Renato da Silveira Borges Neto
© 2015 by Real Engenho
Rio de Janeiro - RJ

Impresso nos EUA - Printed in USA
ISBN 978-15-1711-515-9

Projeto gráfico
André Marcelo M. Soares

Revisão
Renato da Silveira Borges Neto

Impressão e acabamento
Create Space

1ª edição
Outubro de 2015

No seu esforço de compreender o mundo, o homem
dispõe sempre de um excesso de significações.
(Introdução à obra de Marcel Mauss, p. 187)

Claude Lévi-Strauss

ÍNDICE

PREFÁCIO

Cinco anos se passaram desde a publicação da primeira coletânea *Conhecimento e sociedade*. No início, não acreditávamos que poderíamos ultrapassar aquele volume. A intenção era modesta: publicar um livro com artigos originados de nossas experiências acadêmicas e, porque não dizer, da forma como vemos o mundo através dos nossos *binóculos epistemológicos*. Parece que foi ontem... Depois daquele primeiro volume, muita coisa ocorreu conosco e com a sociedade. Sentimos, daí, uma necessidade de manter a escrita e ampliar, dentro de nossas perspectivas metodológicas, uma reflexão contínua e aprofundada sobre temas diversos, presentes em áreas, que acreditamos, convergentes, tais como a Bioética – foco de nossas preocupações naquele início –, Filosofia, Direito, Teologia, Medicina, Música e tantas outras que nos ajudam a compreender o mundo através da continuidade instituída pelo conhecimento em oposição à diversidade das significações dadas pelo ser humano no processo de descontinuidade simbólica da realidade[1].

---

[1] Claude Lévi-Strauss argumenta que "há, pois, uma oposição fundamental, na história do espírito humano, entre o simbolismo, que oferece um caráter de descontinuidade, e o conhecimento, marcado de continuidade": LÉVI-STRAUSS, C. Introdução à obra de Marcel Mauss. In: *Estruturalismo*: antologia de textos teóricos. Lisboa: Portugália, 1968, p. 185-186.

A escolha do título *Conhecimento e sociedade* revela não só o interesse interdisciplinar do grupo, formado por profissionais das diversas áreas do saber, mas o comprometimento com aquelas questões que assolam a sociedade ultimamente. Em algumas ocasiões, houve também um empenho para resgatar temáticas esquecidas pela memória do presente ou, simplesmente, negligenciadas nos projetos de futuro. O fato é que, em momento algum, foi posto de lado o compromisso com as várias etapas das narrativas do pensamento. Neste sentido, *Conhecimento e sociedade* foi também, e até hoje é, uma forma de fazer História.

Apesar de a coletânea ser aberta para autores que se interessam pela complexidade do pensamento, a formação básica do grupo, que pode ser chamado de *Conhecimento e sociedade*, é constituída por sete membros: Benigno Sobral, que oferece verdadeiras contribuições no estudo da Gerontologia e nos processos que envolvem a pesquisa demográfica; Walter Esteves Piñeiro, que junta a habilidade jurídica de seus apontamentos com a preocupação trazida pelo avanço das biotecnologias no terreno do Direito Constitucional; Robson de Oliveira Silva, que, em suas abordagens filosóficas, tem revelado o fracasso do *modelo científico introspectivo* e a possibilidade de estabelecer um diálogo mais fecundo entre ciência e humanidades; Renato da Silveira Borges Neto, teólogo atento ao avanço dos novos movimentos religiosos e ao diálogo entre espiritualidade e sociedade secular; Antonio Luiz G. Albernaz, médico que busca relacionar humanização e as condições oferecidas pelo sistema público de saúde; Joathas Soares Bello, filósofo que tem se voltado para a investigação dos fundamentos ontológicos da existência humana adormecidos pelo materialismo das sociedades contemporâneas e, finalmente, eu, que procuro, em sintonia com meus companheiros de reflexão, cultivar um espaço no qual a diversidade de olhares possa contribuir para uma sociedade mais equilibrada, aberta ao conhecimento das necessidades reais que impactam a existência dos *seres cotidianos*.

Conhecimento e sociedade é, além do que já fora dito, um *ponto de encontro* na periferia dos interesses que norteiam o mundo contemporâneo. Falar algo além disso, mesmo nesse momento de celebração, já seria demasiado.

Nesta edição, a coletânea apresenta cinco capítulos com textos originais. No primeiro capítulo, Benigno Sobral trata, a partir de uma abordagem bibliográfica, do tema da intergeracionalidade, procurando mostrar os avanços nas pesquisas desenvolvidas por especialistas e centros de estudos espalhados pelo mundo. A seguir, no segundo capítulo, Antonio Luiz G. Albernaz, sob o foco da Psiquiatria, faz uma análise crítica dos manuais classificatórios do comportamento humano. Já no capítulo seguinte, Maria Madalena Soares de Souza Esteves apresenta as problemáticas que envolvem a relação entre Ética e direitos autorais no universo da produção científica. No quarto capítulo, eu desenvolvo uma reflexão sobre a manifestação do amor trinitário a partir da encarnação de Jesus. Por fim, no quinto capítulo, Renato da Silveira Borges Neto, tomando como ponto de partida o diálogo entre o Papa Francisco e o Patriarca Bartolomeu I, faz uma reflexão sobra a possibilidade de unificação entre o Ocidente e o Oriente cristãos.

É bom lembrar que esta edição comemora os cinco anos de nossos trabalhos, mas, ao mesmo tempo, o início de uma nova etapa em nossas reflexões e diálogo com o conhecimento e a sociedade.

André Marcelo M. Soares

INTERGERACIONALIDADE
Expressões em cena

Benigno Sobral

Programas intergeracionais foram definidos como atividades planejadas, em progresso, que propositadamente reúnem diferentes gerações para compartilhar experiências que sejam mutuamente benéficas. Normalmente, os programas envolvem interações que promovem o crescimento social e de aprendizagem entre jovens e idosos[1].

A transmissão de saberes e demais dispositivos educacionais/de aprendizagem ao longo de muitas gerações, em seus diversos matizes, acontecia ou era incumbência, quase sempre, do núcleo familiar. Aos parentes mais velhos, cabia, pelo seu repertório de conhecimentos, destacar-se como um provedor de valores e regras que estabeleciam os parâmetros de comportamento e alicerçava os vínculos entre o passado e o presente. Apesar de algumas culturas permanecerem cuidando dos processos de aquisição de conhecimentos e habilidades, a *complexificação* da sociedade foi delegando progressivamente a entes

---

[1] National Council on Aging (1981). The White House Conference on Aging '*Strategies for Linking the Generations*', Washington, D.C.

extrafamiliares a disseminação do processo educativo que formata conteúdos segundo as necessidades e competências dos atores envolvidos.

Há algumas décadas, ou mais – no caso dos países desenvolvidos – conforme as regiões do globo, as transformações da pirâmide populacional fazem surgir o fenômeno do envelhecimento e suas circunstâncias que, por sua vez, redefine as interações e delineia os papéis de algumas faixas etárias. Para tanto, ao término dos anos 70[2], despontam programas intergeracionais de natureza formal, principalmente pelo ângulo do planejamento social, que visavam minimizar os vazios/ruídos existentes nas relações entre os mais jovens e adultos de mais idade. São iniciativas para construir alguns dispositivos educativos e possibilitar uma troca com pessoas sem vínculos de parentesco.

Os programas iniciais subsidiaram progressivamente a multiplicação de formatos mais afeitos às realidades sociais, educacionais e culturais das regiões e demandas específicas de cada comunidade envolvida com seus diversificados atores. Originariamente, os trabalhos se desenvolveram em escolas, creches, núcleos comunitários e centros de acolhida e de longa duração para pessoas de idade. O crescimento desses programas, em países do chamado primeiro

---

[2] Cf. NEWMAN, S.; HATTON-YEO, A. Intergenerational learning and the contributions of older. *Ageing Horizons.* 8, p. 31-39, 2008. Oxford Institute of Ageing.

mundo, permitiu a criação de uma rede global através do Consórcio Internacional para a Prática Intergeracional[3], e que se fortaleceu, conforme as premissas elencadas na Conferência Internacional sobre Programas Intergeracionais, 1999[4].

Os programas adquirem uma organicidade conforme os contextos e desejos das pessoas atingirem um objetivo comum. Os entes envolvidos, tanto intragrupos quanto intergrupos, estabelecem um sentimento de harmonia, afetuosidade e cooperação, o que melhor define o processo de aprendizagem de cunho intergeracional, ou seja: o crescimento individual e coletivo em variadas dimensões. Por conseguinte, as características de cada programa implicam estratégias que viabilizam a permanência, ampliação e reprodução para outras instâncias vocacionadas ao ato de aprendizagem, além de incentivar estudiosos a buscarem novos dispositivos para a construção de uma sociedade onde as diversas gerações possam intercambiar saberes e experiências indispensáveis ao bem-estar comum.

Faz-se necessário, pela sua representatividade, destacar um *ator* nas relações intergeracionais: um fenômeno em potencial nas famílias são os encargos

---

[3] Cf. NEWMAN, S.; HATTON-YEO, A. Intergenerational learning and the contributions of older, p. 32.
[4] International Conference on Intergenerational Programmes (1999). Organized by Odyssey Institute for Training and Education, and UNESCO Institute for Education. Maastricht, the Netherlands.

dos avós, principalmente quando se deparam com a ausência de responsáveis diretos, a exemplo de pais adolescentes, adultos imaturos, negligência, drogadição, maus-tratos, abusos, separações, novas uniões conjugais e inserção no mercado de trabalho, no caso das mães. Simultaneamente, isso implica, em tese, valorar o novo papel, como também a oportunidade de reavaliar/redimensionar conflitos e mal-estares latentes ou manifestos ocorridos ao longo das relações. Ao mesmo tempo, ao assumirem essas tarefas, ficam expostos ao aparecimento e desenvolvimento de agravos à saúde, bem-estar e o esgarçamento de suas redes sociais anteriormente estabelecidas.

O significado e o papel dos avós atravessam gerações, e os encargos de ordem familiar e social podem ser acompanhados de privação da liberdade que muitas vezes assume proporções significativamente intensas, segundo os contextos expressos. Via de regra, eles são tidos como os provedores primários e únicos de aportes/suportes aos netos e também quando presentes agravos momentâneos, de longa duração ou crônico em outros membros da família.

Apesar dos possíveis óbices, a convivência intergeracional proporciona aos avós experiências/vividos que imprimem um sentimento de pertencimento ao universo parental, o que implica na possibilidade de construir dispositivos que beneficiam o cotidiano desses agentes/atores do cuidado. Ao mesmo tempo, esses cuidadores, por força do seu papel (familiar e social), estabelecem uma conexão com diversas instâncias da sociedade, a exemplo das escolas, creches, serviços de saúde e comunidades, o que facilita a comunicação, discussão e até sugestões acerca do funcionamento e tomadas de decisão concernentes a cada instância.

Mesmo diante das mudanças demográficas, e seus reflexos no processo de envelhecimento, as instituições formadoras em ciências da saúde, sociais e humanas, bem como os profissionais já estabelecidos, muitas vezes estão aquém dessa realidade sociopopulacional, e precisam despertar o interesse por questões inerentes à Gerontologia e Geriatria. Os conteúdos intrínsecos à problematização das relações intergeracionais – no caso em pauta –, o papel dos avós, merecem atenção e destaque pela potencial relevância nas políticas de atenção e cuidados. Para tanto, explicitam-se alguns trabalhos que norteiam a participação dos avós, particularmente as mulheres, no universo intergeracional:

BORGES, N.; PEIXOTO, E.A.; PEREIRA, N.V.; JUNQUEIRA-MARINHO, M.F. *Visita de avós em unidade de terapia intensiva neonatal* (UTIN): compreendendo a dinâmica familiar. Instituto Fernandes Figueira/Fiocruz. 21º Congresso Brasileiro de Perinatologia.14 a 17 de novembro de 2012, Curitiba - PR.
Destaca a presença dos avós como valiosa ao entendimento da interação familiar, fortalece a rede de apoio e inserção do bebê. O nascimento representa novo arranjo familiar, e o serviço de psicologia ao acompanharem essas avós

clarifica processos psíquicos intrínsecos à família, como também favorece à intergeracionalidade.

MARQUES, F.R.B.; BARRETO, M.S.; TESTON, E.F.; MARCON, S.S. A presença das avós no cotidiano das famílias de recém-nascidos de risco. *Cienc. Cuid. Saúde*, Jul./Set., 10(3):593-600, 2011.
Trabalho de natureza descritiva-exploratória, centrado no primeiro ano de vida, na região de Maringá - PR, entre 1º de maio e 31 de outubro de 2008, através de entrevistas semiestruturadas, em seis ocasiões diferentes. Apesar dos cuidados recaírem sobre as mães, a assiduidade das avós significa segurança, amparo e qualidade de vida de mãe e bebê.

SILVA, A.P.G. *Percepções de avós cuidadoras maternas sobre a criação e educação dos netos*. Mestrado em Psicologia pela Universidade Federal de Juiz de Fora, 2010.
Discorre sobre o acompanhamento pelas avós do cotidiano escolar, sua evolução e os relacionamentos intergeracionais. O trabalho foi dividido em duas fases: 1) comportou 70 avós, média de idade 66, 2 anos e com netos de 7 a 10 anos, de escolas privadas de Juiz de Fora; 2) do total, foram selecionadas 10 avós com 60 anos ou mais e submetidas a entrevistas semiestruturadas, contendo doze perguntas com cinco temáticas. Conclui-se que as avós implicam em suporte prático aos filhos e afetivo aos netos, tendo um papel secundário na educação.

ARAÚJO, C.P.; DIAS, C.M.S.B. Avós guardiões de baixa renda. *Pesquisas e práticas psicossociais*, 4(2), São João Del-Rei, Jul. 2010.

Estudo sobre as experiências e percepções dos avós que criam os netos. Foram 10 avós (nove mulheres e um homem) e média de idade 48 anos que criavam entre um e cinco netos e investigados através de entrevistas semiestruturadas, divididas por temas. Destaque para os pais adolescentes, separações, iniciativa de criação partindo dos avós, não participação e alheamento dos progenitores no destino de seus filhos, ajuda financeira esporádica. O estudo demonstrou que a criação deve continuar sob a responsabilidade dos avós.

ALVES, S.M.M. *Cuidar ou ser responsável?* Uma análise sobre a intergeracionalidade na relação avós e netos. Universidade Estadual do Ceará, Centro de Estudos Sociais Aplicados (Mestrado), Fortaleza, 2013.
Explora o significado de velhice expresso pelas avós, qual a realidade experimentada ao se assumirem como provedoras de cuidado e outras obrigações, como também suas condições de saúde e se detentoras de benefícios ou programas sociais. Através de entrevistas audiogravadas, o trabalho retrata avós de uma moradia verticalizada (Residencial Vitória) no município de Maracanaú-Ceará, empreendidas no período de agosto e setembro de 2012. Por fim, se consideram protagonistas na vida dos netos, independentemente da presença ou não dos pais.

LINHARES, E.F. *Influência intergeracional familiar no cuidado do coto umbilical do recém-nascido e interfaces com os cuidados profissionais.* Universidade Estadual da Bahia (Mestrado), 2010.
Estudo exploratório, descritivo e efetivado no município de Jequié/Bahia, no período de novembro de 2009 até janeiro de 2010, composto por dez puérperas, cuidadores familiares e outras pessoas da relação, totalizando 29. Compreendia relações de poder, aquisição de conhecimentos oriundos do

pré-natal e pós-parto, saber popular, valores culturais, políticas de saúde e outros dispositivos facilitadores de cuidado.

GERONDO, V.L.S. *As avós idosas cuidadoras dos netos hospitalizados.* Universidade Federal do Paraná (Mestrado), 2007.

Estudo etnográfico realizado entre agosto e outubro de 2006, em hospital pediátrico de grande porte em Curitiba, com vinte avós que eram denominadas informantes-chave e a equipe de enfermagem informantes-gerais. Para as avós importava propiciar amparo aos netos, apoio as mães (durante e fora da internação, principalmente quando estão no mercado de trabalho), aprender certos procedimentos de cuidado e outras práticas indispensáveis à continuidade da acolhida e minimização dos agravos. Por fim, o engajamento das avós ensejava mudanças de comportamento diante da vida e superação de barreiras.

PERES, L.C. *Influência das avós na escolha do tipo de parto.* Universidade Católica de Brasília (Mestrado em Gerontologia), 2012.

O estudo concentra-se no tipo de parto desejado por filhas e noras quando comparado com a preferência das avós. São aplicados questionários fechados em 40 puérperas e 40 avós, onde 62,5% das puérperas afirmaram existir uma interação saudável com mães e sogras. Embora as avós expressem suas opiniões, estas não pesam nas decisões.

TORRES, M.E.A. *Discursos de avós sobre o bebê, sua educação e cuidado.* Pontifícia Universidade Católica de São Paulo (Mestrado em Psicologia Social), 2013.

Investigação centralizada em quatro avós de nível superior, da camada média, com netos entre 0 e 3 anos e residentes em Recife. As entrevistas foram transcritas e avaliadas à luz de técnicas de análise de conteúdo. São elencadas questões sobre políticas públicas para a infância, a criança como ator social, creches e outros itens. Segundo as avós, a mãe seria o ideal para acompanhar seus filhos até o momento de ingressar na creche; em seguida, viria a avó; e por último, a babá ou empregada doméstica. O trabalho se enquadra na linha de pesquisa do NEGRI – Núcleo de Estudos de Gênero, Raça e Idade da PUC-SP.

MACHADO, S.S.L. *O legado das avós e os bens do cuidado.* Universidade Federal do Rio de Janeiro, Faculdade de Serviço Social (Doutorado), 2008.
Pesquisa realizada na periferia de Belém/Pará, acerca das relações intergeracionais, aportes de cuidados, bem como a importância das avós no provimento de bens materiais e simbólicos. O espaço familiar comporta três ou mais gerações, que se dividem entre os diversos encargos ao organizarem-se em forma de rede e estruturarem as relações de poder segundo o papel de cada ente geracional.

Exemplares modelos educativos

A progressiva transformação da pirâmide populacional, demanda uma mutualidade geracional[5]

---

[5] Cf. ALLEN Jr., B.J. Knowledge of aging: a cross-sectional study of three different age groups. *Educational Gerontology*, v. 6, n. 1, p. 49-60, 1981. Amostra comportando 208 jovens de ensino fundamental, ensino médio e universitário em três municípios da Flórida. O estudo avaliou a precisão factual do sentimento dos jovens sobre os idosos e a influência da escolaridade, sexo,

nas diversas etapas da vida e seus respectivos papéis/lugares.

Por sua vez, as pessoas de mais idade, devem e precisam apresentarem-se como um *continuum* de possibilidades, à medida de suas potencialidades[6] e

---

origem racial e a experiência de conviverem em casa com pessoas mais velhas. Os resultados revelaram uma tendência negativa em relação aos mais velhos em todos os grupos e foram observados equívocos comuns e pouco conhecimento sobre o idoso.

[6] Cf. HIEMSTRA, R. The contributions of Howard Yale MCCLUSY to an evolving discipline of educational gerontology. *Educational Gerontology*, v. 6 (2-3), p. 209-226, 1981. O aumento do interesse, entendimento, empenho profissional e a contribuição de várias disciplinas fomentam a qualidade e produção da *gerontologia educacional*. A contribuição de Howard McCluskly, professor emérito em educação de adultos e psicologia educacional da Universidade de Michigan, é considerada um marco pelos especialistas. Sua afirmação, do ilimitado potencial humano ao longo da vida, tem grande relevância no desenvolvimento da *gerontologia educacional*, e reforça a necessidade do equilíbrio entre as tensões dos últimos anos e a potencialização dos recursos de enfrentamento. A programação do tempo, a categorização da aprendizagem e a intergeracionalidade, são questões indispensáveis ao estabelecimento do bem-estar da pessoa de idade. BECKER, F; ZARIT, S.H. Training older adults as peer counselors. *Educational Gerontology*, v. 3, n. 3, p. 241-250, 1978. Estabelecimento de um programa de aconselhamento para voluntários de mais idade trabalharem com seus pares. Desenhado por profissionais, o curso centrou a aprendizagem em três itens principais: empatia, entusiasmo e autenticidade. Adicionava informações sobre o processo de envelhecimento, que destacava a diminuição e o descarte das ideias estereotipadas. Os resultados apontam que os idosos têm

que permitam a construção de uma sociedade mais solidária e tolerante às diferenças[7].

O revigoramento dos vínculos intergeracionais e a diminuição da segregação por idade, inclusive

---

potencial para oferecer formas de suporte e aconselhamento. MCMAHON, A.T. Needs for new emphases in social and educational policy toward the elderly. *Educational Gerontology*, v. 4, n. 2, p. 101-113, 1979. O estudo examina o papel a ser desempenhado pelos idosos no campo das políticas e da sua educação; da partilha e participação e, não somente, de manutenção das suas necessidades básicas. Promover os dispositivos de aprendizagem continuada e habilidades cognitivas, já consignados em diversas investigações de caráter empírico. Grande parte das pessoas idosas elegem programas informais e contextualizados à sua cotidianidade. Por sua vez, políticas e programas de formação de lideranças idosas são virtuosas aos seus pares e aos próprios líderes. MAUST, A.P. Political advocacy for older adults: a review of educational activities and techniques. *Educational Gerontology*, v. 5, n. 3, p. 301-308, 1980. O trabalho aponta vários campos de conhecimento como de extrema importância para a formação e ação política dos mais velhos. Urge o incremento de uma integração maior entre pesquisadores da educação, gerontólogos e cientistas políticos como fundamentais à análise do papel da educação na socialização política das pessoas de mais idade.
[7] Cf. BERGMAN, S.; CYBULSKI, O. School children's attitudes toward learning from older people: a case study in Israel. *Educational Gerontology*, v. 5, n. 3, p. 259-272, 1980. Estudo piloto sobre atitudes e disposição das crianças em aprender mutuamente com os mais velhos. Uma revisão da literatura mostra a escassa produção em diferentes culturas. A investigação demonstra a positividade dessa interação e aponta para a necessidade de promover o idoso como professor e sua aceitação pelas crianças.

motivada por estereótipos[8], é condição para atender os desafios da convivência social, cultural, política e

---

[8] Cf. BAGGETT, S. Attitudinal consequences of older adult volunteers in the public school setting. *Educational Gerontology*, v. 7, n. 1, p. 21-31, 1981. A investigação aponta problemas de interação surgidos entre os alunos e o trabalho voluntário. O planejamento dessas atividades exige empenho e adequação às mudanças de atitudes e preconceitos relacionados à idade. Foi aplicado o *Children's Attitudes Toward the Elderly Test* (CATE). PAGE, S.; OLIVAS, R.; DRIVER, J.; DRIVER, R. Children's attitudes toward the elderly and aging. *Educational Gerontology*, v. 7, n. 1, p. 43-47, 1981. Atitudes relativas aos idosos e o processo de envelhecimento expressas por crianças entre 3 e 11 anos, baseando-se no desenvolvimento da teoria de Jean Piaget. As crianças devem acompanhar o processo educativo muito antes dos 6 anos, a fim de mudar suas percepções acerca dos mais velhos e construir imagens positivas do envelhecer. HAUWILLER, J.G.; JENNINGS, R. Counteracting age stereotyping with young schoolchildren. *Educational Gerontology*, v. 7 (2-3), p. 183-190, 1981. O projeto implicou no desenvolvimento de atividades envolvendo professores de alunos da segunda a quarta série em todo o estado de Montana (EUA). Ficou evidenciado, através dos trabalhos dos alunos e relatórios dos professores, que estes ficaram sensibilizados com as questões do envelhecimento e os alunos podem absorver com mais clareza o sentido da Gerontologia. WASS, H.; FILLMER, D.; WARD, L. Education about aging: a rationale. *Educational Gerontology*, v. 7, n. 4, p. 355-361, 1981. Revisão de pesquisas sobre as atitudes e concepções de crianças e adolescentes acerca do envelhecimento e pessoas de mais idade e também uma análise dos conteúdos na literatura infantil, livros e programas de televisão públicas. Os resultados objetivam redimensionar a temática do envelhecimento nas escolas públicas dos EUA. DAVIS, R.H.; WESTBROOK, G.J. Intergenerational dialogues: a tested educational program for children. *Educational Gerontology*, v. 7, n. 4, p. 383-396, 1981. Grande parte das atitudes de crianças sobre o envelhecimento e

estrutura familiar diante das profundas transformações sociodemográficas. A heterogeneidade entre os de mais idade é uma característica que influi substantivamente nas investigações e exige dos estudiosos o desvelamento das associações ocorridas entre ideias e/ou sentimentos vivenciados ao longo da existência. Paralelamente à etnia, sexo, família, trabalho, religião e saúde, a idade apresenta-se como significativo fator de identidade cultural.

A adolescência e a velhice situam-se nos extremos (ou equidistância) da idade adulta, e esta, por sua vez e modo, ordena as condições de vida, trabalho e aprendizado daqueles primeiros sujeitos. Portanto, a separação manifesta entre idade e identificação sociocultural é fundante na discussão acerca do compartilhamento intergeracional. É imperiosa a criação de ferramentas educacionais que atendam as demandas represadas e, assim, permita qualificar e ampliar os vínculos entre as multifacetadas gerações, visto o esgarçamento das estruturas de sustentação atuais.

A interação entre as gerações, tanto no âmbito familiar e comunitário, como também na sociedade,

---

pessoas de idade, provêm de imagens negativas produzidas pela mídia e a pouca interação com os idosos. Para reverter esse quadro e criar oportunidades para atitudes positivas, desenvolveu-se um programa para estudantes entre 10 e 11 anos. Inclui um pacote de *software*, comportando filmes e material impresso. O principal dispositivo experimental foi estruturar um facilitador para visitas aos voluntários de idade, o que possibilitou o diálogo entre os dois universos.

supõe diversificadas formas de apresentação: cumplicidade, intercâmbio de bens materiais e imateriais, estabelecimento de acordos e tipologias de suporte (formal e informal). Destarte, exercita-se e preserva-se o bem-estar de todos os entes envolvidos, de forma justa e respeitando-se a pluralidade.

Merece também não esquecer, a progressiva complexidade dos arranjos familiares e sua dinâmica micro e macro. É imperiosa a ordenação de ações efetivas, no sentido de firmar os mecanismos de integração, incluindo as minorias raciais[9], religiosas e demais segmentos com menor visibilidade[10] perante seus pares; como também os

[9] Cf. SCHMALL, V.L.; STATON, M. A minority cultural experience for university gerontology students. *Educational Gerontology*, v. 6, n. 4, p. 365-371, 1981. Projeto experimental de curto prazo em comunidades étnicas e minoritárias, direcionado aos alunos de Gerontologia da *Oregon State University*, para equacionar formas de concepção e implantação de programas sociais e de saúde. O empreendimento pode servir de modelo para outras universidades que não dispõem dessas comunidades *in loco*, ao proporcionar aos seus alunos contatos com grupos étnicos e minoritários, inclusive quando as distâncias geográficas são obstáculos à presença do aluno por períodos mais longos. Por fim, apresenta outra experiência intensiva de três dias, na *Warm Springs Indian Reservation* (Oregon).

[10] Cf. KIM, P.K.H. Toward rural gerontological education: rationale and model. *Educational Gerontology*, v. 5, n. 4, p. 387-397, 1980. A quase inexistente formação profissional e carência de programas públicos adequados, atingem diretamente os idosos da zona rural da América. Entretanto, na década de 1970, ganharam visibilidade, dentre os grupos minoritários. O distanciamento de 'grupos de poder", sub-representação e

mais vulneráveis, tanto pela idade quanto a incidência de agravos.

Diante das transformações socioculturais da pós-modernidade, especialmente nos jovens e adultos, as pessoas de mais idade experimentam, com certa frequência, um sentimento de isolamento social e, para tanto, a convivência intergeracional poderá minimizar certas lacunas. Inscreve-se diferentes percepções de mundo entre as gerações, que podem causar certos ruídos na comunicação e, por conseguinte, dificuldades de compreensão. Portanto, programas e/ou dispositivos educativos de cunho intergeracional podem ser entendidos como processos de aprendizagem social capazes de

---

outros requisitos necessários ao *empoderamento*, não favorece a assertividade e são fatores adicionais para preconceitos políticos, burocráticos, acadêmicos e profissionais, pois consideram esses idosos como cidadãos de segunda classe. O artigo objetiva examinar questões relegadas, ou pouco abordadas, desde os anos 70 e propor um modelo educativo para a década de 1980. KARCHER, C.J.; KARCHER, B.C. Higher education and religion: potential partners in service to the rural elderly. *Educational Gerontology*, v. 5, n. 4, p. 409-421, 1980. O considerável interesse com os idosos nos últimos quinze anos, e atualmente os da zona rural, favorece a informação e experiências na área gerontológica. O ensino superior precisa assumir a liderança nas propostas e estratégias de pesquisa e serviços. A igreja rural deve ser reconhecida como uma parceira do ensino superior pela proximidade, estrutura e cooperação com os idosos. O exame da literatura gerontológica sugere os seguintes itens: a) a religião e os idosos; b) a igreja e os serviços sociais para os idosos. Portanto, uma aliança em termos de educação continuada para idosos e clérigos, pesquisas e programas de desenvolvimento comunitário.

produzir sentidos numa simultânea construção entre as diversas faixas etárias.

Os lugares de acontecimentos da aprendizagem social são múltiplos, tais como: instituições de ensino, de saúde, espaços comunitários, clubes, local de trabalho e na convivência familiar, a exemplo dos avós, seus netos e demais graus de parentesco. É um *continuum* integrado de contatos e ações entre as gerações envolvidas, o que proporciona variadas formas de apreensão, onde os entes revelam seus valores, sentimentos, questionamentos e dilemas.

As atividades educativas proporcionam, às pessoas de idade, o sentimento de um cotidiano mais gratificante e solidário, pois o ímpeto dos jovens agrega outras formas de ver o mundo que, na maioria das vezes, são estranhas aos sujeitos de idade. Ao mesmo tempo, os jovens despertam para um universo que lhes parecia quase inexistente, mas surpreendentemente substantivo como fonte de aprendizado. Insere-se neste contexto, a abertura de instituições de ensino superior[11] às

---

[11] Cf. CHELSVIG, K.A.; TIMMERMANN, S. Tuition policies of higher educational institutions and state government and the older learner. *Educational Gerontology*, v. 4, n. 2, p. 147-159, 1979. Associação Nacional de Professores Aposentados e Associação Americana de Pessoas Aposentadas, ambas americanas, investigaram as instituições de ensino superior e governos estaduais quanto à adoção de políticas educacionais destinadas aos mais velhos. Algumas instituições públicas disponibilizavam matrículas para estudos entre dois e quatro anos, inclusive alguns com créditos; entretanto, havia

pessoas de idade, *locus* de conhecimentos quase sempre destinados aos jovens e adultos.

Por outro lado, vale ressaltar os diversos programas que não se detém em trabalhar somente a relação entre determinadas faixas etárias, mas sobretudo equacionar problemas correntes na comunidade, como melhorias nas políticas sociais em geral. Portanto, imprimir uma dinâmica que incorporaria todos os entes, inclusive a preservação do repertório cultural em suas variadas dimensões.

---

carência de serviços de apoio e vinte e cinco estados não encamparam a ideia. Vinte e dois estados adotaram a política de incentivo e era pendente em quatro estados. TINDALL, R.H.; MCCARTER, R.E. The older college student as viewed by younger peers. *Educational Gerontology*, v. 5, n. 3, p. 293-299, 1980. Investigação das atitudes de 509 estudantes com até 28 anos, confrontados em relação a seus pares de mesma idade e também com aqueles alunos acima de 35 anos. Todos são oriundos dos diversos departamentos ou faculdades. REBOK, G.W. Aging and higher education: prospects for intervention. *Educational Gerontology*, v. 6, n. 1, p. 39-48, 1981. As baixas taxas de inserção dos mais velhos nos programas de ensino superior sugere a necessidade de averiguação para descobrir as barreiras existentes. Argumenta-se que a participação educacional possa estar relacionada aos fatores ambientais e situacionais e não apenas a um declínio biofísico inexorável. Fatores orgânicos e ecológicos são identificados e descritos, e feitas sugestões para minimizar os efeitos desses eventos, estimulando o envolvimento dos mais velhos. A intergeracionalidade, com suas mudanças de atitudes e comportamentos podem aumentar o fluxo dos mais velhos às salas de aula.

Apesar das expectativas e existência de atividades educativas exemplares, deve-se considerá-las à luz dos resultados e crítica rigorosa. Portanto, é fundamental atentar aos entraves que possam ocorrer e dificultem uma sistematização, pois, quando implantada, pode-se verificar um certo alheamento às peculiaridades dos universos atendidos.

Ao menos em tese, grande parte das sociedades visualizam a integração dos grupos de idade, entretanto ainda pairam dúvidas acerca da capacidade de implementação de políticas que beneficiem os universos locais e aqueles distantes. O incentivo para a descoberta e formação de lideranças em todos os níveis, como também o fortalecimento de uma educação ao longo da existência, continua fundamental para a interação das famílias, comunidades e efetividade das instituições. Por outro lado, o contato e assiduidade, nas visitas dos mais jovens aos idosos em suas residências, é visto como reconhecimento e estabelece vínculos que proporcionam mais segurança para viverem sozinhos, inserção na comunidade e visibilidade social.

Eventos e circuito universitário

De acordo com o The European Approaches to Intergenerational Lifelong Learning (EAGLE), Inglaterra,

2007[12], existe um universo de possibilidades na troca de habilidades e conhecimentos que favorecem a cidadania e inclusão, a exemplo de 900 organizações que integram o Centre for Intergenerational Practice[13].

The UNESCO Institute on Education (UIE), através do International Baccalaureate, desenvolveu um estudo em instituições educativas de países em desenvolvimento que ofereciam programas intergeracionais e enfatizavam o trânsito de experiências educativas formais, informais e comportamentais visando o progressivo amadurecimento ao longo da existência. Para tanto, a elaboração de políticas nos diversos níveis e características, tanto públicas quanto privadas, possibilita um contrato social pelo viés intergeracional.

A Segunda Assembleia Mundial sobre o Envelhecimento da ONU (Madrid, 2002), intitulou-se: *uma sociedade para todas as idades* e resultou no Plano de Ação Internacional sobre o Envelhecimento de Madrid, que referenda a profunda mudança do perfil populacional e propõe um mosaico de atividades no âmbito individual, comunitário, regional, nacional e internacional. Para tanto, avocou toda a sociedade para um "reforço da solidariedade através da equidade e reciprocidade entre as gerações", visando ações efetivas de aprendizagem intergeracional.

---

[12] Cf. NEWMAN, S.; HATTON-YEO, A. Intergenerational learning and the contributions of older, p. 39.
[13] Cf. NEWMAN, S.; HATTON-YEO, A. Intergenerational learning and the contributions of older, p. 37.

Binghamton University, State University of New York/Institute for Intergenerational Studies: objetiva desenvolver e implementar tecnologia de ponta, pesquisa interdisciplinar que orienta programas de serviços humanos e práticas que têm impacto, e servir as pessoas em toda sua vida útil. Composto pelo Southern Tier Center on Aging e o Center for Family, School and Community Partnerships, o instituto concentra-se no desenvolvimento de programas, educação e formação, investigação e apoio técnico que ajuda uma gama de profissionais para adquirir conhecimentos e habilidades para o trabalho intergeracional. Também estabelece a interação universidade-comunidade e iniciativas de políticas públicas que impactam sobre as crianças, jovens, idosos e suas famílias.

The Ohio State University/Werner Medical Center/The Office of Geriatrics & Gerontology/an Intergenerational Center. A missão da universidade é ser reconhecida pela qualidade e impacto de sua pesquisa, ensino e serviço, pois só recentemente tornou-se consistente a parceria. Investigação, educação e formação são as bases do programa, promovendo o cuidado de qualidade para crianças e adultos. Crescimento e aprendizagem ocorrem por toda a vida.

Temple University/The Intergenerational Center. Fundado em 1979, apoia nacionalmente iniciativas que promovem a integração de pessoas de todas as idades; bem como famílias, comunidades, imigrantes e demais entes envolvidos através da educação, saúde, pesquisas e outros equipamentos sociais de cunho intergeracional. Comporta mais de vinte e cinco programas, incluindo assistência técnica e treinamento em torno de cinquenta e quatro comunidades do país.

University of Wisconsin/Intergenerational Programs: o projeto se propõe à aquisição de conhecimentos sobre as pessoas de mais idade e a forma mais adequada para entender o seu universo. Por fim, incentivá-los a partilhar suas histórias de vida e investigar como se desenrola o cotidiano à proporção que envelhecem.

University of Missouri/Building Bridges – An Intergenerational Program: torna possível a criação de um ambiente de aprendizagem que estimula crianças, jovens e pessoas de idade a se comunicarem e experienciar variadas situações de vida. Comporta 23 agências, lares para idosos e escolas, totalizando 900 crianças e 520 idosos que são acompanhados por voluntários. As avaliações demonstraram uma substantiva interação entre os participantes do programa, inclusive entre crianças e pessoas de idade.

Penn State University/College of Agricultural Sciences: caracteriza-se pela promoção de novas iniciativas intergeracionais e estudo do impacto sobre os participantes e comunidade em torno. Prioriza o apoio às lideranças e alocação de recursos às organizações dentro e fora da Pensilvânia, vocacionadas à criação de programas que qualifiquem o cotidiano dos sujeitos e discuta questões sociais e comunitárias fundamentais para o estabelecimento de uma sociedade solidária.

Dublin City University/Intergenerational Learning Programme: as atividades começaram em 2008, através da School of Education Studies, nas manhãs de sábado, envolvendo pessoas de mais idade da comunidade e universitários voluntários que ofereciam noções básicas de uso do computador o que resultou em engajamento e diálogo. Por fim, grande parte dos idosos superaram certos obstáculos impostos pela tecnologia, aderiam a cursos de graduação e alguns revelaram habilidades na escrita.

University of Pittsburgh/Generations Together Intergenerational Studies Institute /School of Social Work Continuing Education Program: curso on-line de introdução aos programas intergeracionais, com treze anos de sucesso e duração de 13 semanas, desenhado para subsidiar a elaboração de ações e desenvolver aptidões. O trabalho envolve várias gerações que discutem a literatura pertinente de forma a integrar alunos e instrutores.

Johns Hopkins University/School of Education/Intergenerational Resource Center. O Centro está situado no oeste dos EUA e apoia comunidades com material audiovisual, livros e ideias para atividades. Também propicia o desenvolvimento de programas de treinamento e assistência técnica a escolas e organizações vocacionadas ao trabalho intergeracional, inclusive envolvendo as crianças em salas de aula acerca do envelhecimento e seus estereótipos.

Texas State University-San Marcos/Service – Learning Initiative: centrado no Intergenerational Service – Learning Program, e abrangendo atividades que facilitam o compartilhamento de experiências e conhecimentos em grande parte da comunidade de San Marcos. A universidade, através de professores e universitários, conscientiza e motiva os idosos em iniciativas que melhoram a qualidade de vida com a prática de exercícios e nutrição adequada. Todo o trabalho é avaliado conforme parâmetros já estabelecidos em relatório da Pen State University.

Brown University/Education – Adult and Intergenerational Learning: através do Swearer Center's adult and intergenerational learning programs, o trabalho abrange diversas atividades de ensino e aprendizagem, compreendendo o campo da linguagem e alfabetização de imigrantes adultos, refugiados e ações nas prisões. Também inclui adultos com déficits no desenvolvimento e, por fim, incentiva os estudantes a observar, discutir e refletir sobre o universo e as demandas de jovens e adultos da comunidade.

San José State University/Center for Community Learning & Leadership. Project Students Helping In the Naturalization of Elders (SHINE): programa de aprendizagem intergeracional e intercultural, destinado a imigrantes de idade e refugiados que estudam inglês, informática, história dos EUA e educação cívica, ministrados por alunos tutores em centros comunitários e necessários ao exame para obtenção da cidadania norte-americana. O programa faz parte do consórcio Corporation for National Service, com sede no Center for Intergenerational Learning da Universidade de Temple, Filadélfia. Por fim, o projeto SHINE dispõe aos tutores e voluntários interessados, material e ferramentas para o trabalho intergeracional.

Stanford University/Intergenerational Learning and Social Networking: programa elaborado para o trabalho conjunto de *fellows*, graduandos e pós-graduandos em projetos de investigação, atividades acadêmicas e serviços, onde a aprendizagem intergeracional é central para o desenvolvimento de redes de longa duração através da atuação dos alunos e bolsistas como professores.

University of Hawaii (Manoa)/College of Tropical Agriculture and Human Resources in Maui County Extension Educator/Intergenerational Programs: o programa idealiza e implementa ações entre as gerações; avalia os impactos nos participantes e comunidade, além de oferecer suporte às organizações vocacionadas ao trabalho intergeracional.

ADD LIFE. Adding quality to LIFE through inter-generational learning *via* universities: através do desenvolvimento de doze módulos universitários para estudantes não-tradicionais, particularmente das pessoas de idade, o projeto cria as condições necessárias a uma aprendizagem intergeracional. Os conteúdos proporcionam uma incursão no universo acadêmico/científico, como também o treinamento e formação em tópicos específicos. Projeto piloto realizado no período de 01 de outubro de 2006 até 30 de setembro de 2008. Explorou vários modelos de aprendizagem intergeracional: professor mais velho com aluno mais jovem, professor mais jovem com aluno mais velho; aprendizagem colaborativa entre mais velhos e mais jovens, bem como a elaboração conjunta de novos módulos. O principal objetivo era criar formas de aprendizagem para engajar a sociedade civil e torná-las facilitadoras e mentoras de temas (questões) importantes para o fortalecimento de uma cidadania europeia ativa.

Uma avaliação do projeto também permite sistematizar o ensino intergeracional e a potencialidade das universidades (inclusive aquelas fora da Europa) na formação do trabalho voluntário e remunerado. Foi ainda elaborado o "European Tool Kit for Developing Inter-generational Learning in Higher Education" e traduzido para o alemão, finlandês, húngaro, tcheco, espanhol e inglês. A iniciativa partiu do seguinte consórcio: University of Graz – Áustria (coordenadora), Brno University of Technology (República Tcheca), Goldsmiths University of London (Reino Unido), Summer University of Jyväskylä (Finlândia), University of Pécs (Hungria), University of A Coruna (Espanha) e European University Continuing Education Network (EUCEN). Foram convidadas como parceiras associadas, as seguintes instituições: Technology Centre Deutschlandsberg Ltd. (Áustria), Association of Third Age Universities (República

Tcheca), The Learning from Experience Trust (Reino Unido), University of Kiel (Alemanha), Educators' Center Association – House of Civic Communities (Hungria), Provincial Association of Pensioners and Retired Persons from A Coruna (Espanha) e European Association for the Education of Adults – EAEA. Foi ainda realizado em maio de 2008 o simpósio: "Inter-generational learning in Europe: partnership, policies and good practice".

SOBRE AS COMPLEXIDADES DO HUMANO
A crítica aos manuais classificatórios do
comportamento

Antonio Luiz G. Albernaz

Atualmente, convive-se com a quinta revisão do manual DSM. Sua primeira edição, 1952, listava pouco mais de cem quadros psicopatológicos. O DSM-IV já apresentava 297 quadros psicopatológicos. O DSM-V chegou, naturalmente, precedido por inúmeros questionamentos e polêmicas. A principal delas gira em torno da indústria farmacêutica. O fato de os manuais apresentarem mais quadros psicopatológicos descritos que as versões anteriores, por si só, aumentam as possibilidades (probabilísticas/estatísticas) do enquadramento de um número maior de comportamentos, que antes eram consideradas normais. Simultaneamente, tem-se observado um aumento significativo do consumo de medicamentos psicotrópicos[1].

A partir do DSM-IV, com todos os seus quadros psicopatológicos, populações com sintomas que sequer configuravam neste manual como transtornos mentais têm

---

[1] Cf. BURKLE, T.S. *Uma reflexão crítica sobre as edições do manual de diagnóstico e estatística das perturbações mentais* – DSM. Dissertação de Mestrado, Instituto de Estudos de Saúde Coletiva da Universidade Federal do Rio de Janeiro, 2009.

sido enquadrados e tratados com psicotrópicos. Em 2010, o uso de fármacos psicotrópicos supera o uso de todas as substâncias psicotrópicas ilícitas juntas[2].

A crítica ao manual de classificação DSM começou com o próprio Dr. Allen Frances, médico psiquiatra líder da edição precedente, o DSM-IV. Ele chama a atenção para os riscos no uso do DSM-V[3]. O Dr. Thomas R. Insel, diretor do National Institute of Mental Health (NIMH), pertencente ao National Institute of Health (NIH), ratifica que o objetivo do novo manual, assim como os seus antecessores, é proporcionar uma linguagem comum para descrever as psicopatologias. Apesar de o DSM ser considerado corriqueiramente como a "bíblia" neste campo da Psiquiatria, poderia, na melhor das hipóteses, ser considerado um dicionário e pretender assegurar que os clínicos usem os mesmos termos para os mesmos fins. O lado negativo: a carência de validação. Ao contrário da definição de uma doença isquêmica cardíaca, linfoma ou HIV, por exemplo, os manuais DSM são baseados em consensos sobre os conjuntos de sintomas clínicos e não em parâmetros laboratoriais. No resto da Medicina isto seria equivalente a criar um sistema diagnóstico baseado na natureza da dor torácica ou na qualidade da febre. Diagnósticos baseados em sintomas, comuns

---

[2] Cf. SANTOS, D.V.D. *Uso de psicotrópicos na atenção primária no distrito sudoeste de Campinas e sua relação com os arranjos da clínica ampliada.* Campinas: [s.n.], 2009.
[3] http://www.medscape.com/viewarticle/804378.

em outras áreas da Medicina, tem sido amplamente substituído desde a metade do século anterior, quando se difundiu gradativamente a compreensão de que somente com sintomas raramente se pode indicar a melhor escolha para o tratamento.

O Dr. Insel afirma que os pacientes com transtornos mentais merecem mais e que aos diagnósticos devem ser incorporados dados de pesquisas genéticas, imagens, ciências da cognição e outros níveis de informações. Devemos partir para a fundação de um novo sistema de classificação. É por este motivo que a NIMH vai orientar suas pesquisas para outros caminhos, longe das categorias do DSM e vai passar a apoiar pesquisas que olhem além destas categorias para que seja possível desenvolver um sistema melhor[4]. A importância e a relevância política destas decisões estão no fato do NIMH ser o maior patrocinador de pesquisas em saúde mental no mundo. Desta forma, o NIMH muda as referências das pesquisas que patrocina. Uma das principais causas destas mudanças de postura seria uma maior aproximação do DSM-V com os interesses da indústria farmacêutica. A questão da influência dos interesses da indústria farmacêutica mais explícita aumenta a tensão sobre a questão da saúde mental[5].

---

[4] http://www.nimh.nih.gov/about/director/2013/transforming-diagnosis.shtml.
[5] Cf. BURKLE, T.S. *Uma reflexão crítica sobre as edições do manual de diagnóstico e estatística das perturbações mentais* – DSM, 2009.

Histórico

A Psiquiatria é considerada a primeira especialidade médica. Até hoje se destaca das demais especialidades por suas características marcantes. Michel Foucault, em *A História da loucura*[6], aborda o tema do Renascimento à Modernidade. O início da história da Psiquiatria foi na França do século XVIII, quando Philippe Pinel separa os loucos dos outros doentes asilados e propõe tratamento diferenciado. A partir deste ponto, a Psiquiatria passou a ser considerada ciência médica e ficou responsável por descrever, classificar e tratar os doentes mentais[7]. A terminologia da Medicina hipocrática inspirou Pinel a nomear e diagnosticar alguns dos transtornos (alienações) identificados na época como: mania, melancolia e demência[8].

O diagnóstico é fundamental na Medicina. Na Psiquiatria tornou-se um enorme desafio, pois não conta com exames complementares de confirmação como nas outras áreas. No máximo, o que já não é pouca coisa, os exames complementares podem ajudar no

---

[6] Cf. FOUCAULT, M. *A História da loucura.* São Paulo: Perspectiva, 1972.

[7] Cf. SILVEIRA, D.P. *Sofrimento psíquico e serviços de saúde: cartografia da produção do cuidado em saúde mental na atenção básica em saúde.* Dissertação de mestrado. ENSP/Fiocruz, 2003.

[8] Cf. SERPA Jr., O. Sobre o nascimento da psiquiatria. *Cadernos do IPUB:* Por uma assistência psiquiátrica em transformação, Rio de Janeiro, v. 3, p. 15-30, 1996.

diagnóstico de exclusão, quando identificam doenças orgânicas que mimetizam transtornos mentais. Outra peculiaridade é saber que, ao ser descoberto que um transtorno mental tem causa comprovadamente orgânica/biológica, este passa para os cuidados de outras especialidades da Medicina. Desta forma, a Psiquiatria está condenada a viver as dificuldades de uma especialidade de diagnósticos impalpáveis e intersubjetivos[9]. Para tal tarefa, trabalha com a descrição de quadros psicopatológicos e não pode contar com a Biologia no seu processo de confirmação diagnóstica.

Desde a antiguidade, muito antes de Pinel (antes de Cristo também), há relatos da preocupação em se descrever os quadros comportamentais devido à importância para a comunicação e registro. Esta necessidade vem crescendo e é reforçada pela falta de registros e marcadores biológicos. A evolução destes esforços para descrever e classificar estes fenômenos culminou, em 1952, com o Diagnostic and Statistical Manual of Mental Disorders (DSM), instituído pelo Comitê de Nomenclatura e Estatística da American Psychiatric Assiciation. Tornou-se um importante instrumento, difundido no mundo todo, com a finalidade clara de uniformizar a linguagem utilizada para a descrição e classificação dos transtornos mentais. A primeira edição, o DSM-I, foi lançada com a descrição de 106 categorias de transtornos mentais. O DSM-II, em 1968, apresenta algumas mudanças e a

---

[9] Cf. SERPA Jr., O. O papel da psiquiatria na reforma psiquiátrica. *Ciência e Saúde Coletiva* 16(12): 4675-4683, 2011.

lista de descrições aumentou para 182 transtornos mentais. Aproximadamente quinze anos depois, em 1980, foi lançado o DSM-III, com 265 categorias diagnósticas. Essa edição do manual foi um marco, pois apresentou mudanças mais conceituais em relação às anteriores. Foi a primeira edição baseada em critérios diagnósticos onde a causalidade foi deixada de lado. O DSM-III é considerado o divórcio da Psiquiatria com a Psicanálise. Logo em seguida, em 1989, houve uma revisão do texto da terceira edição resultando no DSM-III-R, com 292 categorias diagnósticas. Em 1994, chega a edição do DSM-IV, no qual são listadas 374 categorias diagnósticas. Em 2000 sofre uma nova revisão e com o lançamento do DSM-IV-TR. Finalmente chegamos a quinta edição, lançada em 2013, o DSM-V[10].

Ao resgatar-se o processo de criação e desenvolvimento deste instrumento de classificação diagnóstica e seus objetivos, pode-se fazer uma melhor reflexão a respeito da influência que este exerce na Psiquiatria contemporânea, na formação do médico, na postura e na conduta do psiquiatra e de outros especialistas, que o tem como base para o diagnóstico e tratamento.

---

[10] Cf. BURKLE, T. S. *Uma reflexão crítica sobre as edições do manual de diagnóstico e estatística das perturbações mentais* – DSM, 2009.

A infância e a adolescência

Tem-se observado um movimento em direção a uma necessidade crescente de diagnóstico e tratamento medicamentoso em Psiquiatria, também na faixa etária de crianças e adolescentes. Naturalmente, a escola, ambiente que não tem mostrado capacidade de acompanhar as demandas de renovação e reciclagem em seu projeto pedagógico, não tem sido capaz de lidar com os progressos tecnológicos e sociais.

A escola demonstra a pretensão de seguir com o mesmo padrão do século passado, quiçá século retrasado. Não é surpresa, então, quando se percebe que o maior volume de demandas por diagnóstico e tratamento medicamentoso vem através dos pais por imposição da escola. Uma reflexão sobre o discurso psiquiátrico e suas implicações na educação/escola é proposta por Guarido[11]. Fatores como a padronização dos sintomas trazidos pelas sucessivas edições do manual DSM e os resultados das pesquisas na área da neurociência, associados ao grande desenvolvimento na indústria dos psicofármacos, influenciaram as mudanças na forma de abordagem do tratamento do sofrimento psíquico. As grandes seguradoras de saúde e a indústria farmacêutica já influenciavam fortemente o cenário quando foi

---

[11] Cf. GUARIDO, R. A medicalização do sofrimento psíquico: considerações sobre o discurso psiquiátrico e seus efeitos na Educação. *Educação e Pesquisa*, v. 33, n. 1, p. 151-161, 2007.

lançada a edição DSM-III. A linguagem do DSM ampliou para o mundo a influência da Psiquiatria dos Estados Unidos da América. O seu uso na formação médica, oferecendo uma leitura restrita e única do sofrimento psíquico, são indicadores que ele passou a fazer parte da construção da Psiquiatria atual. Percebe-se, com clareza, a medicalização do comportamento da criança e do adolescente e o transporte do paradigma da clínica psiquiátrica do adulto diretamente para a clínica psiquiátrica com crianças e adolescentes[12].

A criança começou a ser percebida pela Pedagogia, com a parceria dos médicos, no começo do século XX. Estes dois saberes começaram a se preocupar com a questão mais ampla do desenvolvimento infantil. Com isso, o médico passa a intervir na questão da educação e a Pedagogia passa a contar com a possibilidade do olhar do médico e sua proposta de tratamento. Assim, inicia-se um período onde os tratamentos, naturalmente, são denominados como médicos-pedagógicos. Neste encontro de saberes, com a denominação que ainda é atual, origina-se a Psiquiatria infantil. No entanto, como ainda se observa nos dias de hoje, a Psiquiatria infantil tem forte influência do saber aplicado à Psiquiatria para adultos.

---

[12] BURKLE, T.S. *Uma Reflexão Crítica Sobre as Edições do Manual de Diagnóstico e Estatística das Perturbações Mentais* – DSM, 2009.

Em 1930, a Psiquiatria infantil e do adulto, se aproxima muito do novo paradigma que surge, a Psicanálise. As influências da Psicanálise mantêm-se fortes, quase hegemônica, até os anos 80. Após este período, começa a avançar o paradigma da Psiquiatria biológica, que acaba com a diferença entre crianças, adolescentes e adultos. Esta não considera a dimensão histórica do paciente e a terapia cognitivo-comportamental é sua abordagem preferencial. Os discursos passam a ter a ciência como base e as evidências científicas são aplicadas ao paciente de forma direta. O discurso agora é técnico e os especialistas tomam a palavra sobre os problemas das crianças e adolescentes. Os especialistas da Psicologia e da Psiquiatria invadem as escolas, os professores se apoderam dos critérios diagnósticos do manual DSM e encaminham as crianças e adolescentes para avaliações psicológicas, psiquiátricas e até mesmo neurológicas, quando entendem que o comportamento está inadequado. Acompanham e participam do tratamento, demandam e exigem junto aos pais a abordagem especializada e passam a policiar a adesão ao tratamento focando, em geral, somente o uso da medicação[13].

O sofrimento psíquico passa então a ser representado pelo discurso da Psiquiatria biológica, que recorre às evidências científicas e epidemiológicas. Esta cumpre seu papel disciplinador e intolerante com as individualidades das crianças e adolescentes, em

---

[13] Cf. BURKLE, T.S. *Uma reflexão crítica sobre as edições do manual de diagnóstico e estatística das perturbações mentais* – DSM, 2009.

parceria com a escola e a Pedagogia, com o apoio do senso comum e, principalmente, com as demandas e apoio compreensivo, passivo e resignado dos responsáveis. Com a disseminação do uso e da influência do manual DSM, a apreensão progressiva do discurso classificatório no qual os diagnósticos de trabalho, dinâmicos e descritivos dos comportamentos naquele momento, naquele contexto, transformam-se em entidades nosológicas reificadas e definitivas[14].

A ruptura: edição do DSM-III

A terceira edição do manual DSM (DSM-III) define uma ruptura da estrutura conceitual quando propõe uma única lógica classificatória, com as representações sociais relativas ao indivíduo moderno e cria concepções de normal e patológico. O DSM-I e DSM-II usavam o diagnóstico dimensional, sem definições claramente demarcadas entre as doenças, enquanto o DSM-III passou, pela primeira vez, a demarcar com nitidez as fronteiras especificando as categorias diagnósticas.

A pretensa descrição *ateórica* do DSM-III se aproxima da visão *fisicalista* da perturbação mental. A difusão desta nomenclatura do DSM-III contribuiu para a ascensão da Psiquiatria biológica, o que chamou a atenção para as possibilidades da indústria farmacêutica, que aproveita esta janela

---

[14] Cf. STEVEN, E.H. The diagnosis of mental disorders: the problem of reification. *Annu. Rev. Clin. Psychol.* 6: 155-179, 2010.

para incrementar o financiamento para pesquisas de novas drogas psicotrópicas. Um exemplo, onde a ruptura com a Psicanálise fica visível, é na mudança no uso do conceito de neurose. No DSM-III, apareceu apenas entre parênteses e no DSM-IIIR desapareceu completamente. Surgiram, então, várias categorias diagnósticas para substituir a antiga categoria. A ruptura promovida pelo DSM-III causa mudanças na concepção de doença mental e na forma de tratá-la.

Henriques[15] aborda o impacto do DSM-III com uma crítica à sua revolução nosológica. O autor traça um histórico do *fisicalismo* na Psiquiatria, desde a Psiquiatria organicista do fim do século XIX, até a Psiquiatria hegemônica contemporânea também chamada de Psiquiatria biológica. Resgata os três movimentos que se sucederam cronologicamente na história da Psiquiatria, que são: a *medicalização* operacionalizada pela Psiquiatria biológica, em seguida a *desmedicalização* feita pela Psiquiatria dinâmica e também pelos movimentos da reforma psiquiátrica (na época do pós-guerra), até a *remedicalização* proporcionada pela Psiquiatria biológica. Discute a nosologia psiquiátrica norte-americana baseada no DSM, situando o papel da indústria farmacêutica. Aponta como uma das principais consequências da hegemonia do paradigma biológico na Psiquiatria atual, o

---

[15] Cf. HENRIQUES, R.S.P. *A remedicalização da Psiquiatria: uma reflexão crítica sobre a revolução nosológica do DSM-III*. Dissertação de mestrado. Instituto de Medicina Social/UERJ, 2003.

fenômeno que chama de *medicalização do normal*, que corresponde à prescrição de medicamentos para os comportamentos humanos. Justifica seu argumento apontando para o aumento de prescrições de metilfenidato para crianças e para o fato de o diagnóstico de depressão ter se tornado o mais comum da prática psiquiátrica.

Widmar[16] aponta quais são os objetivos do DSM-III: ser clinicamente aceito por profissionais de orientações teóricas distintas, ser compatível com o CID-9, ter validade e confiabilidade interobservadores[17]. Uma consequência importante é o fato de que alguns pacientes não se incluíam em nenhuma das categorias diagnósticas, indicando a necessidade da criação de novas categorias diagnósticas para suprir esta "deficiência".

Para Uribe[18] o DSM-IV tem um propósito explícito de se tornar uma classificação nosológica universal de doenças mentais, o que inclui um postulado sobre a aplicação empírica transcultural do manual e um postulado sobre a existência de "síndromes psiquiátricas culturais" (*Culture-Bound Síndromes*).

---

[16] Cf. WIDMAR, S. DSM-III: sua contribuição à clínica psiquiátrica. *Informação Psiquiátrica*, ;7(3): 82-87.
[17] Cf. STEVEN, E.H. The diagnosis of mental disorders: the problem of reification, 155-179.
[18] Cf. URIBE, C. A. La controversia por la cultura en el DSM-IV. *Rev. Colombiana de Psiquiatria*, 29(4): 345-366, 2000.

Discussão

A avaliação do paciente que busca ajuda em saúde mental deve estar sob um olhar integral, visto como um todo e inserido em seu cenário sociocultural. Para isso, faz-se uma breve revisão histórica e crítica até os dias de hoje, sobre a prática psiquiátrica. A evolução do DSM entra como eixo principal desta revisão pelo lugar que ocupa atualmente na prática psiquiátrica. Esta ferramenta que nasce com um propósito bem claro, ou seja, o de contribuir para o registro e confiabilidade interobservadores, sofre influências e tensões durante a sua evolução e chega recentemente na sua quinta edição, cada vez mais envolto em polêmicas e controvérsias. O manual é usado largamente na prática clínica e por isso é muito importante entender toda a sua evolução, para que possamos saber exatamente o seu lugar e poder dimensionar a sua importância e peso dentro do universo da integralidade e singularidade na avaliação clínica e acompanhamento de cada caso.

Argumenta-se que este sistema de classificação faz distinções categoricamente injustas entre os transtornos e entre o normal e o patológico. Critérios diagnósticos baseados simplesmente em sintomas são limitados em adequar a queixa de mal-estar ao cenário em que a pessoa vive e se há uma desordem interna ou se simplesmente uma resposta reativa situacional.

O contexto político-econômico do DSM é um dos tópicos que provoca mais discussão, pela força e influência desproporcional. Isso inclui o seu uso por indústrias farmacêuticas, seguradoras e no âmbito jurídico. Ao DSM cabe a crítica de que a expansão dos transtornos nas suas sucessivas edições foi influenciada por interesses comerciais e representa um aumento da medicalização dos seres humanos, enquanto outros críticos contra-argumentam que os problemas de saúde mental são subdiagnosticados e não tratados adequadamente. O DSM contribuiria, então, para incluir este grupo subdiagnosticado estendendo a um maior número de pessoas os benefícios de um tratamento adequado. No entanto, apesar de toda discussão em torno do tema, os manuais de critérios diagnósticos são amplamente usados no Brasil, tanto a Classificação Estatística Internacional de Doenças e Problemas Relacionados com a Saúde (CID), quanto o DSM. Acrescenta-se o fato que as duas classificações têm muitos pontos de toque, o que deixa patente que seus fundamentos se influenciam reciprocamente[19].

Chama a atenção o fato de que o intervalo entre uma edição e outra dos manuais foi se encurtando desde a sua primeira edição. Contamos 16 anos entre a primeira e a segunda edição, depois 12 anos até a terceira, 9 anos até a sua revisão, o DSM-III-R. Depois, 5 anos até a quarta edição e agora foram 6 anos da quarta edição até a sua

---

[19] Cf. STEVEN, E.H. The diagnosis of mental disorders: the problem of reification, 155–79.

revisão. No DSM-V a tendência se inverte e o espaço de tempo aumenta bastante, DSM-IV (1994) a DSM-V (2013), portanto 19 anos. Apesar deste aumento no intervalo, o DSM-V teve o início da sua confecção logo após o lançamento da edição DSM-IV-TR.

Ao menos em relação ao tempo de edição entre os manuais, o DSM-V parece querer demonstrar uma abertura, assumindo as evidentes limitações de uma Psiquiatria somente baseada no modelo biomédico, considerando a crise da razão e da ciência do final do século XX. Apesar desta pretensa demonstração de abertura, Kutchins e Kirk[20] questionam se haveria tempo hábil para inserção de mudanças baseadas em novas evidências científicas.

Percebe-se que os textos dos manuais têm influência dos mesmos fundamentos presentes na Psiquiatria, o que não causa estranheza. Trata-se de mais um indício da hegemonia do saber da Psiquiatria na confecção dos manuais. Enquanto o DSM-I e DSM-II tem forte influência da Psicanálise, os manuais DSM-III, DSM-III-R, DSM-IV e DSM-V tem forte influência da pretensa linguagem *ateórica*. A descrição dos sinais e sintomas tem claro fundamento na contemporânea Psiquiatria biológica.

A abordagem categorial para o diagnóstico tem suas limitações, pois implica em determinar, a

---

[20] Cf. KUTCHINS, H., KIRK, S. *Making us crazy - DSM*: the psychiatry bible and the creation of mental disorders. New York, The Free Press. 1997.

qualquer custo, limites entre os transtornos. Na prática, sabemos que quase sempre não se pode ter esta clareza. O diagnóstico dimensional, por sua vez, tem suas vantagens, pois torna possível não se preocupar com as fronteiras das categorias diagnósticas. A busca pelos marcadores biológicos continua e deve continuar. No entanto, enquanto isso, devemos incluir nas avaliações a importância dos distúrbios nos processos normais e anormais que não dependem das funções cerebrais. Está claro, pelo menos até o momento, que *relações pessoais significativas para o sujeito* não podem ser localizadas no cérebro e não devemos ter esperança de encontrar um marcador biológico para esse fim. Finalmente, e não menos importante, é preciso considerar as experiências subjetivas do paciente no desenvolvimento de transtornos mentais.

Destacam-se duas preocupações a respeito dos manuais: sua validade e sua utilidade. As preocupações rondam a sua fidelidade e validação científica, e, neste caso, deve-se atentar para as discussões em relação à sobrevaloração de tudo ao que se diz *científico* com a intenção de se atribuir uma importância incontestável na sua aplicabilidade clínica ou na pesquisa. Soares[21] assinala que, na modernidade, a ciência passou a gozar de um alto grau de credibilidade. O termo científico,

---

[21] Cf. SOARES, A.M.M. Outro discurso sobre o método: o significado contemporâneo da cientificidade e a reflexão bioética. In: SOARES, A.M.M. *et al. Conhecimento e sociedade*: a memória do presente na construção do futuro. Rio de Janeiro: Editora Real Engenho, 2011, p. 11-32.

quando atribuído a uma afirmação ou a uma observação, passou a conferir algum tipo de mérito ou tipo de especial confiabilidade. Fica sem sentido um manual que, de fato, não forneça um subsídio a observação clínica e a pesquisa.

As mudanças praticadas nas revisões dos manuais mostram que os indivíduos podem ser considerados doentes ou não dependendo da época em que o manual foi editado. Pode-se afirmar que não há, especialmente em Psiquiatria, um agente causador que confira objetividade absoluta a um diagnóstico. Este fato reafirma que os transtornos mentais não podem, absolutamente, passar por entidades nosológicas com etiologia definida, portanto, não legitima marcadores biológicos. É sim, e isso podemos por definição afirmar, uma construção dentro de um determinado cenário e de acordo com um momento histórico e um modelo epistemológico[22]. O momento histórico onde vive o sujeito tem seu referencial epistemológico e uma determinada configuração do saber.

Nos anos cinquenta e sessenta os psiquiatras faziam avaliações diagnósticas com forte influência do referencial teórico da Psicanálise. Já no período histórico do DSM-III, houve domínio da Psiquiatria biológica. Mais uma vez, a mudança no referencial teórico, agora atenuando a influência da Psicanálise. Passa-se a viver a forte e progressiva influência dos psicofármacos, assim como o início

---

[22] Cf. FOUCAULT, M. *A História da loucura.*

da ascensão progressiva da influência da indústria farmacêutica na sociedade em geral. Os anos oitenta podem ser considerados o início da hegemonia do discurso da Psiquiatria biológica[23] e o início do percurso da globalização do modelo norte-americano.

A indústria farmacêutica avança de forma considerável na descoberta de novos fármacos psicotrópicos, ampliando as opções de intervenções bioquímicas disponíveis. Quando avaliamos o parâmetro efetividade, os fármacos mais modernos não avançaram significativamente. Como exemplo principal, podemos citar os sintomas negativos da esquizofrenia. No entanto, podemos considerar um avanço na especificidade, diminuindo incidência de efeitos colaterais.

Assistimos também neste período, o fenômeno de popularização dos diagnósticos e termos técnicos relacionados à Psiquiatria. Depressão, ansiedade, hiperatividade e outros termos foram massificados e banalizados por revistas, jornais, televisão e *internet* aumentando a "capacidade" de leigos e profissionais de outras especialidades realizarem "diagnósticos" e "encaminhamentos". Qualquer "nova" notícia passa a ser largamente divulgada na imprensa leiga e sensacionalista em busca de audiência e patrocínio. Percebe-se que a Psiquiatria passa a ficar cada vez mais restrita ao uso de psicotrópicos. Atualmente, tanto na sociedade em geral quanto no meio profissional da

---

[23] Cf. SERPA Jr., O. Sobre o nascimento da psiquiatria, p. 15-30.

saúde mental, confunde-se a atuação do psiquiatra com o ato de prescrever psicotrópicos.

Os Estados Unidos declararam os anos noventa como sendo a *década do cérebro*. Com o apoio luxuoso do próprio presidente George W. Bush e com o discurso de aumentar a consciência do público para os benefícios das pesquisas sobre as funções do cérebro. No livro o *Mal-estar na natureza: estudo crítico sobre o reducionismo biológico em psiquiatria*[24], Serpa discute a Psiquiatria biológica e faz uma análise das teorias que a sustentam atualmente, cito genética e neurociências. Aponta que os resultados das pesquisas desenvolvidas nesses dois campos são fragmentários e que não existe teoria biológica consistente e unificada sobre os transtornos mentais. No *Relatório sobre a saúde no mundo 2001. Saúde mental: nova concepção, nova esperança*[25], a OMS propõe que os transtornos mentais sejam diagnosticados e tratados por clínicos gerais. Após treinamento específico, estariam aptos para aplicar critérios diagnósticos, *ateóricos*, do DSM. Seriam capazes de diagnosticar, poderiam tratar pacientes, inclusive com prescrição de fármacos psicotrópicos.

Nos últimos anos, houve aumento significativo do número de pessoas diagnosticadas com transtornos mentais. Já existem quase 500 tipos descritos de transtornos mentais. Cada vez mais pessoas *preenchem*

---

[24] Cf. SERPA Jr., O. *Mal-estar na natureza: estudo crítico sobre o reducionismo biológico em psiquiatria.* Rio de Janeiro: Te Corá Editora. 1996.
[25] http://www.abebe.org.br/wp-content/uploads/oms2001.pdf.

critérios para um diagnóstico. Passagens normais da vida podem, facilmente, se encaixar em um diagnóstico e passam a figurar como "doença" e não gozam mais da possibilidade de figurar como um comportamento reativo percebido pelo indivíduo por conta de uma necessidade transitória de apoio para adaptações. Este cenário *adinâmico* foi introduzido de forma insidiosa no senso comum e também no imaginário e linguajar corriqueiro e "distraído" dos psiquiatras. Agora, por exemplo, uma criança agitada, antes mesmo de ser avaliada por profissional de saúde mental, já chega ao serviço previamente diagnosticada pela escola e pelos pais como portadora de uma doença que necessita de tratamento medicamentoso – já indicada a medicação ideal. A criança passa ser portadora de Transtorno do Déficit de Atenção e Hiperatividade (TDAH). Com o fenômeno da *reificação do diagnóstico nosológico* passa, como num curto circuito, de uma criança que no momento apresenta uma descrição de comportamento que lhe causa TDAH, para uma criança portadora de TDAH. O diagnóstico nosológico descritivo foi materializado em uma entidade nosológica concreta e agora a criança é portadora de uma doença mental.

Vive-se, atualmente, uma grande expectativa onde as psicopatologias diagnosticadas pelos manuais DSM podem facilmente incluir os problemas da vida cotidiana como patológicos. Este é um dos grandes desafios demandados para os autores do DSM-V, ou seja, reverter as tendências reducionistas dos manuais anteriores sem prejudicar todas as atividades que estão baseadas nestes manuais como as pesquisas da área, reflexões jurídicas, análises de seguros e os direitos trabalhistas, entre muitas outras[26].

Acrescentem-se ao tema em debate as discussões sobre as definições de normal e patológico de Canguilhem[27], que persegue e discute estas diferenças entre os fenômenos da saúde e da doença/patologia desde 1943. Para Canguilhem, a diferença entre o normal e o patológico é qualitativa, ou seja, não existe situação que seja normal ou patológica por si só. Até a anomalia ou mutação não seriam patológicas, considera-as como outras normas possíveis para a vida. Dependendo do cenário e ambiente que estão imersas, podem ser normas inferiores quanto à estabilidade, à fecundidade, à variabilidade da vida. Então as normas específicas anteriores, poderão ser consideradas patológicas. No entanto se, eventualmente, se revelam equivalentes no mesmo cenário, ou superiores em outro ambiente, passarão a vigorar dentro de um conceito de normalidade. Sua normalidade advirá de sua normatividade. "O patológico não é a ausência de norma biológica, é uma norma diferente, mas comparativamente repelida pela vida".

Canguilhem propõe ainda o conceito de *normatividade*, pois, para ele, não há indiferença biológica. Ser normativo significa ser flexível diante

---

[26] Cf. STEVEN, E.H. The diagnosis of mental disorders: the problem of reification, 155-79.
[27] Cf. CANGUILHEM, G. *O normal e o patológico*. Rio de Janeiro: Forense Universitária, 1995.

das exigências do meio, produzir novas normas de vida. Pode-se extrapolar estes conceitos para o âmbito da saúde mental. Na avaliação dos comportamentos humanos são avaliadas suas manifestações dentro dos limites da *normalidade* ou são enquadradas entre os transtornos psiquiátricos. Logo somos levados a recorrer ao início desta discussão, na qual ainda persiste, e persistirá por muito tempo, o problema dos manuais DSM, suas limitações em demarcar com nitidez as fronteiras das categorias diagnósticas.

O diagnóstico dimensional, abandonado progressivamente a partir da edição do DSM-III, incluía a dimensão histórica do paciente e aproxima-se muito das teorias de Canguilhem. Este afirma que não se pode dizer que entre o normal e o patológico exista uma diferença de grau para uma mesma constituição fisiológica. Não existe tecido doente ou tecido são, existe sim o estado do indivíduo, na complexidade de sua experiência individual, singular, efetiva. A experiência de saúde, ou seja, a capacidade de reagir, adaptar-se, sentir-se bem ou não, pode coexistir com as alterações fisiológicas que fujam da normalidade esperada, por exemplo, da normalidade definida pelos marcadores biológicos. O que chamamos hoje, com convicção e certeza, de doença, dentro de um contexto mais amplo pode ser experimentado pelo indivíduo como uma situação de bem-estar e, dependendo de nosso olhar, também podemos admitir como normal concordando com a experiência deste indivíduo.

Desta forma, pode-se imaginar e admitir um indivíduo normal, sentindo-se bem, mesmo com marcadores biológicos indicando alteração funcional orgânica.

Considera-se um comportamento diferente do esperado ao compará-lo com outros determinados comportamentos, assim criamos um ideal. Este tipo ideal de comportamento da maioria passa a vigorar como norma, parâmetro de normalidade. Cria-se um padrão moral, uma moral da vida, uma verdade moral, um paradigma de norma contemporâneo, histórico, do comportamento humano.

Conclusão

A ciência persegue a universalização do conhecimento. O que não pode ser universalizado fica fora do paradigma investigativo da metodologia científica contemporânea[28]. Os manuais diagnósticos, que seguem, naturalmente, os mesmos paradigmas contemporâneos, perseguem a validação transcultural e a confiabilidade interobservadores e o seu objetivo atual de utilização ateórica, universal. Para ser validado, o dado científico obtido em um lugar precisa ter, necessariamente, condições de ser replicado em um universo que apresente as mesmas características e condições para que possa ser comparado. Este é o paradigma metodológico científico atual. Para isso, é

---

[28] Cf. SOARES, A.M.M. Outro discurso sobre o método: o significado contemporâneo da cientificidade e a reflexão bioética, p. 14-15.

imperativa uma redução do objeto estudado a sistemas formais. Este é um dos objetivos primordiais, senão o mais importante, para o esforço de se descrever os "pacotes" (*clusters*) de sinais e sintomas que traduziriam comportamentos descritivos de categorias de transtornos mentais bem delimitados. Acontece, porém, que a avaliação clínica do sujeito com mal-estar avança para além das fronteiras dos sinais e sintomas, onde emerge a singularidade que cada sujeito experimenta.

O manual DSM tem a pretensão de descrever objetivamente os sinais e sintomas dos transtornos mentais, pois essa descrição objetiva tornaria o instrumento confiável, universal e *ateórico* para inúmeros fins. No entanto, quanto mais objetividade e mais categorias diagnósticas aparecem, mais o corte entre o transtorno e a normalidade fica turvo. Vivemos, deste modo, a cultura das praticidades tecnológicas e o sistema não tarda em perceber as demandas para criar soluções. A saúde mental é somente mais um dos setores onde esta equação se repete. Qualquer sinal de desconforto, dor, alteração da normalidade, torna-se intolerante, inadmissível e a solução deve ser rápida e o mais passiva possível. Ninguém quer perder tempo com o mal-estar. Diagnóstico, prognóstico e *tratamento*. A expectativa em relação ao tratamento significa *Panaceia*, o comprimido que resume a solução ao ato de engolir, para sempre, a medicação correta. É a solução mágica da ciência, a deusa da atualidade.

Cabe ao médico ter a consciência da complexidade e singularidade de cada caso. Cada paciente está imerso em todos estes interesses, ofertas, teorias, propostas terapêuticas e culturas, além de infinitos outros fatores e fatos, que insistem em esgarçar e fragmentar um ser humano para tentar adaptá-lo à confirmação de suas próprias verdades. O médico não pode ser somente um agente passivo de canalização de todas estas forças. Ao contrário, deve entrar junto do paciente e de seus familiares, numa relação cada vez mais horizontal, para desvelar e cuidar de seus interesses e tornar possível a sua habilitação e reabilitação. O paciente não pode ser empurrado de volta para a situação da qual quer se desvencilhar e denunciar com os seus sintomas de mal-estar. O médico deve interagir e participar da avaliação e acompanhamento do caso até que o paciente encontre, na sua evolução, o início de um novo caminho. Seja capaz de vislumbrar novas possibilidades, para viver mais um período de bem-estar em uma nova situação suficientemente boa.

ÉTICA E DIREITO AUTORAL
A produção científica na esfera do reconhecimento jurídico

Maria Madalena Soares de Souza Esteves

A preocupação com a integridade na produção do conhecimento científico, sobretudo no universo acadêmico, se reflete na constituição do pensamento jurídico relativo à propriedade intelectual. Além de analisar os preceitos éticos e jurídicos que devem nortear a investigação científica no país e seus desdobramentos na relação com o ente público, que através da sociedade, financia a formação do pesquisador e, indiretamente, seus produtos, se faz necessário avaliar o impacto das informações científicas quanto ao bem-estar e a qualidade de vida dos cidadãos. Por isso, torna-se importante caracterizar os danos causados ao governo e à sociedade diante do fomento à pesquisa realizada sem o devido zelo e atenção a tais princípios.

Apesar de haver uma regulamentação para a pesquisa com seres humanos, a Resolução 466/12 do CONEP/MS, ocorre ainda a ausência de uma deontologia geral para a formação específica do pesquisador, que deve ser conhecida desde os primeiros anos da formação acadêmica.

A escassez de informações sobre plágio, adulteração de dados, usurpação de autoria e demais desvios de conduta relacionados à falta de ética no meio científico impacta diretamente as pesquisas realizadas em cursos de especialização, sobretudo quando relacionados com a vida humana e a ciência médica. Faz-se necessária a ampliação do sistema CEP/CONEP para nele incorporar as normas jurídicas do Direito Autoral brasileiro, além da busca da implantação de cultura de integridade científica nos currículos acadêmicos.

O tema da integridade científica ganha relevância com a evolução da ciência, diante da qual os princípios da ética tradicional já não atendem às necessidades dos novos desafios que se apresentam com a possibilidade da intervenção do homem na natureza. Embora funcionem como suporte e premissa para elaboração de uma nova ética, é preciso desenvolver os conceitos da Bioética para analisar o limite do pesquisador na publicação de sua investigação. Neste contexto, o Direito Autoral atua para proteger a criação científica e garantir a integridade dos dados apresentados à sociedade.

Sem a devida observância dos princípios éticos e do Direito Autoral, governo e sociedade são vítimas de pesquisadores imorais. Entretanto, a ausência deste conteúdo na formação do acadêmico possibilita a amoralidade do pesquisador, à medida que o mesmo desconhece os conceitos e as consequências da conduta ilegal na elaboração da pesquisa.

Origens dos Direitos Autorais

O Direito Autoral, nas palavras de Clóvis Beviláqua,

> é o que tem o autor de obra literária, científica ou artística, de ligar o seu nome às produções do seu espírito e de reproduzi-las, ou transmiti-las. Na primeira relação é a manifestação da personalidade do autor, na segunda, é de natureza real, econômica[1].

Sua proposta é dar suporte à garantia constitucional de liberdade de expressão e permitir ao criador a proteção de sua obra, imagem e honra, além da proteção dos lucros advindos de sua criação[2].

A criação passou a ser, de fato, protegida legalmente, a partir de 1710, com a publicação da *Copyright Act*, na Inglaterra[3]. À época a noção de *copyright* ainda se direcionava aos livreiros que copiavam os livros para publicação. Kant (1724-1804), em sua obra *Rechtslehre*, trouxe a visão do direito moral do autor, e

---

[1] BEVILÁQUA, C. *apud* FERREIRA, P. *Curso de direito constitucional.* São Paulo: Saraiva, 1998, p. 20.
[2] Cf. ESTEVES, M.M.S.S. *Direito autoral na internet.* Trabalho monográfico (Graduação em Direito). Rio de Janeiro: Universidade Estácio de Sá, 2004, p. 16.
[3] Cf. ABRÃO, E.Y. *Direitos do autor e direitos conexos.* São Paulo: Editora do Brasil, 2002, p. 32.

com a influência dos ideais da Revolução Francesa (1789) se consagrou a moralidade do direito sobre a criação[4]. Este pensamento desdobra-se na Convenção de Berna, para proteção das produções artísticas e literárias, em 1886 e reflete-se na Declaração Universal dos Direitos Humanos (1948), que adverte tanto sobre o aspecto moral quanto o aspecto patrimonial do autor[5]. Atualmente, apresenta tanto o aspecto moral, que garante ao criador o direito de circulação da obra, da menção do seu nome, da sua integridade, bem como de sua retirada de circulação, quanto o aspecto patrimonial, que rege as relações jurídicas advindas da utilização econômica das obras[6].

No tratamento do Direito Autoral, alguns países ressaltam o direito subjetivo – direito autoral ou direito de autor (Brasil: Lei nº 9.610/1998 sobre direitos autorais e direitos conexos; França: *Loi n° 2006-961 relative au droit d'auteur et aux droits voisins dans la société de l'information*; Itália: *Legge* 1941, n. 633 *sulla protezione del diritto d'autore e di altri diritti connessi al suo esercizio*), enquanto outros priorizam a

---

[4] Declaração dos Direitos do Homem e do Cidadão de 1789, art. 11: A livre comunicação dos pensamentos e das opiniões é um dos mais preciosos direitos do Homem; todo o cidadão pode, portanto, falar, escrever, imprimir livremente, respondendo, todavia, pelos abusos desta liberdade nos termos previstos em lei.

[5] Artigo XXVII, 2. Todo ser humano tem direito à proteção dos interesses morais e materiais decorrentes de qualquer produção científica literária ou artística da qual seja autor.

[6] Cf. GANDELMAN, H. *De Gutemberg à internet*: direitos autorais na era digital. Rio de Janeiro: Record, 2001, p. 32.

obra, o direito objetivo – *copyright*, ou direito de cópia (Austrália: Copyright Act 1968; Estados Unidos: Copyright Act of 1976; Reino Unido: Copyright, Designs and Patents Act 1988; Nova Zelândia: Copyright Act 1994)[7].

No Brasil, consolidou-se no ordenamento jurídico nos artigos 649 a 673 Código Civil de 1916, por ser tratado, à época, como ramo do Direito Civil. O Código Penal Brasileiro, de 1940, previa os crimes contra o privilégio de invenção, atualmente revogados, prevendo, desde 2003, os crimes contra a propriedade intelectual. Neste ínterim, passou a ter *status* de garantia constitucional e direito fundamental por cláusula pétrea, diante de sua inserção no artigo 5º da Constituição da República de 1988[8] e, por fim, pela relevância de sua natureza imaterial, solidificou-se como direito autônomo, com regulação própria, atualmente pela Lei 9.610, de 19 de fevereiro de 1998, com a qual não se pretende proteger as ideias simplesmente, mas sim

---

[7] Informações disponíveis em http://www.wipo.int.

[8] Art. 5º, XXVII - aos autores pertence o direito exclusivo de utilização, publicação ou reprodução de suas obras, transmissível aos herdeiros pelo tempo que a lei fixar; XXVIII - são assegurados, nos termos da lei:

a) a proteção às participações individuais em obras coletivas e à reprodução da imagem e voz humanas, inclusive nas atividades desportivas;

b) o direito de fiscalização do aproveitamento econômico das obras que criarem ou de que participarem aos criadores, aos intérpretes e às respectivas representações sindicais e associativas.

a manifestação e forma de exteriorização que a tornam única.

O artigo 220 da Constituição da República assegura a manifestação do pensamento, a criação, a expressão e a informação de todos os cidadãos. Neste momento o Direito Autoral se impõe para regulamentar a isonomia do exercício destas garantias, no estímulo ao intelecto e ao progresso científico e cultural da humanidade, a partir da manifestação objetiva do pensamento como algo palpável. Funciona, também, como limitador destas garantias, ao exigir sua observação no exercício destas liberdades, como, por exemplo, o impedimento de ausência de crédito na divulgação da obra, indicação falsa de autoria, publicação sem consentimento ou com modificações não consentidas[9].

Direito autoral como direito de propriedade

Note-se que o direito autoral tem como objeto o produto do trabalho intelectual. Por esta razão apresenta tanto o aspecto patrimonial quanto o imaterial, que caminham em harmonia para formação de um terceiro aspecto, diferenciado pelo desdobramento do tratamento conferido às suas origens. O tratamento de seu aspecto patrimonial

---

[9] Cf. ESTEVES, M.M.S.S. *Direito autoral na internet*, p. 37.

como coisa móvel facilita a compreensão jurídica[10], por outro lado, para a mesma compreensão de seu aspecto imaterial, direito e moral são analisados em conjunto.

Em que pese a insuficiência do tratamento do Direito Autoral como direito patrimonial para atender as peculiaridades das questões autorais, este é um componente relevante, que justifica sua inserção no Código Civil em 1916 e demonstra a predominância desta acepção à época.

Os direitos patrimoniais do autor, quais sejam, utilizar, fruir e dispor de sua obra, são expressamente tratados na legislação como bens móveis[11]. O Código Civil discrimina como móveis "os bens suscetíveis de movimento próprio, ou de remoção por força alheia, sem alteração da substância ou da destinação econômico-social"[12] e, "para os efeitos legais, os direitos pessoais de caráter patrimonial e respectivas ações"[13]. Ressalte-se que este tratamento, contudo, ocorre a partir da premissa de inalienabilidade e irrenunciabilidade dos direitos imateriais, consolidadas no artigo 27 da atual lei autoral[14].

---

[10] Art. 28 da Lei 9.610/98 – Cabe ao autor o direito exclusivo de utilizar, fruir e dispor da obra literária, artística ou científica.
[11] Art. 3º da Lei 9.610/98 – Os direitos autorais reputam-se, para os efeitos legais, bens móveis.
[12] Artigo 82 do Código Civil Brasileiro.
[13] Artigo 83, inciso III do Código Civil Brasileiro.
[14] Art. 27 da Lei 9.610/98 – Os direitos morais do autor são inalienáveis e irrenunciáveis.

O elemento subjetivo da relação jurídica tutelada, qual seja, o autor, é definido nos artigos de 11 a 14, como a pessoa física ou jurídica criadora de obra literária, artística ou científica, assim considerados aqueles que tiverem, em conformidade com o uso, indicadas ou anunciadas essa qualidade na utilização da obra, incluindo quem adapta, traduz, arranja ou orquestra obra caída no domínio público, não podendo opor-se a outra adaptação, arranjo, orquestração ou tradução, salvo se for cópia da sua.

O art. 5º da lei autoral traz as definições de publicação[15], distribuição[16], reprodução[17] e contrafação[18], e as sanções civis às violações dos direitos autorais são previstas no Título VII[19]. As sanções penais são previstas

---

[15] Art. 5º, inciso I – "o oferecimento de obra literária, artística ou científica ao conhecimento do público, com o consentimento do autor, ou de qualquer outro titular de direito de autor, por qualquer forma ou processo".

[16] Art. 5º, inciso IV – "a colocação à disposição do público do original ou cópia de obras literárias, artísticas ou científicas, interpretações ou execuções fixadas e fonogramas, mediante a venda, locação ou qualquer outra forma de transferência de propriedade ou posse".

[17] Art. 5º, inciso VI – "a cópia de um ou vários exemplares de uma obra literária, artística ou científica ou de um fonograma, de qualquer forma tangível, incluindo qualquer armazenamento permanente ou temporário por meios eletrônicos ou qualquer outro meio de fixação que venha a ser desenvolvido".

[18] Art. 5º, inciso VII – "a reprodução não autorizada".

[19] Art. 102. O titular cuja obra seja fraudulentamente reproduzida, divulgada ou de qualquer forma utilizada, poderá requerer a apreensão dos exemplares reproduzidos ou a suspensão da divulgação, sem prejuízo da indenização cabível.

no art. 184 do Código Penal, que atualmente define como tipo penal a "violação dos direitos de autor e os que lhe são conexos".

O artigo 15 revela o conceito da coautoria, do qual exclui quem simplesmente auxiliou o autor na produção da obra literária, artística ou científica, revendo-a, atualizando-a, bem como fiscalizando ou dirigindo sua edição ou apresentação por qualquer meio, conceito que ganha relevância, sobretudo, na produção acadêmica, para fins de inclusão ou não do orientador como coautor da pesquisa.

O dano deve ser pontualmente analisado, considerando-se se houve o objetivo de lucro e as consequências efetivamente causadas pela disponibilização da obra. É preciso pesar o autoritarismo e rigidez do direito autoral e a divulgação da cultura e acesso à informação[20]. Com esta visão, Carboni conclui que o direito moral do autor deve ser deslocado para o campo funcional da identificação do criador, sob a perspectiva do interesse social no reconhecimento da sua identidade enquanto emissor de uma mensagem[21].

Art. 103. Quem editar obra literária, artística ou científica, sem autorização do titular, perderá para este os exemplares que se apreenderem e pagar-lhe-á o preço dos que tiver vendido.

[20] Cf. ESTEVES, M.M.S.S. *Direito autoral na internet*, p. 60.

[21] Cf. CARBONI, G.C. *O direito de autor na multimídia*. São Paulo: Quartier Latin, 2003. p. 201.

O Direito Autoral como esfera de reconhecimento jurídico

Além de compor o patrimônio material do autor, há um recorte que não permite sua tradução em pecúnia. É preocupação do Direito Autoral também zelar pelo nome, reputação e integridade moral do inventor. Toda obra, apesar de obter vida própria, carrega em si a manifestação pessoal de seu criador, compondo a imagem e o patrimônio imaterial do autor, sua liberdade de expressão, sua honra e dignidade. Este conjunto de valores reflete na visão que a sociedade tem da pessoa humana, em outras palavras, repercute no reconhecimento do cidadão perante a sociedade. Neste ponto recorre-se à Filosofia e aos princípios éticos como fontes fundamentais para compreensão do caráter pedagógico do Direito Autoral.

Pelas três esferas de reconhecimento sinalizadas por Hegel (1770-1831), quais sejam, afetiva, jurídica e ética, a prática de violações pelo homem não é motivada pelo objeto ou por suas carências, mas por pretender impor sua vontade perante a vontade geral, em busca do seu reconhecimento a partir da sociedade[22].

Quanto à produção, Karl Marx (1818-1883) a analisava como condição fundamental para não apenas satisfazer necessidades humanas, mas,

---

[22] Cf. HONNET, A. *Luta por reconhecimento*: a gramática moral dos conflitos sociais. São Paulo: Editora 34, 2003, p. 98.

também, como fundamento de relações sociais pelas quais os homens se relacionavam entre si e com a natureza:

> Na produção, os homens não atuam apenas sobre a natureza, mas também atuam uns sobre os outros. Não podem produzir sem se associarem de certo modo, para atuarem em comum e estabelecerem um intercâmbio de atividades. Para produzir, os homens contraem determinados vínculos e relações sociais, e só através deles se relacionam com a natureza e se efetua a produção (Marx, K. *Trabalho assalariado e capital*, cap. III)[23].

No campo da integridade científica, em estudo que aponta como os conflitos de interesse geram desrespeito social aos sujeitos de direito envolvidos na pesquisa, Cassimiro *et al*[24] reforçam a importância da moralidade dos atos científicos no progresso da regulamentação de pesquisas clínicas. Isto porque a ciência, para progredir, deve considerar questões de diversos segmentos da sociedade civil, uma vez que todos os participantes da comunidade são sujeitos de direito e ao Direito cabe a salvaguarda do tratamento isonômico. Nesta conclusão buscam elementos em Honneth, em sua

---

[23] BARBOSA, W.V. O materialismo histórico. In: REZENDE, A. (Org.) *Curso de Filosofia*: para professores e alunos dos cursos de ensino médio e de graduação. Rio de Janeiro: Zahar, 2014. p. 173-195.
[24] Cf. CASSIMIRO, M.C.; BAVARESCO, A.; SOARES, A.M.M. Integridade científica e o impacto dos conflitos de interesses na sociedade: uma análise à luz da teoria do reconhecimento de Axel Honneth. *Mirabilia Medicinæ*, 3 (2), p. 6-21, 2014.

análise da Teoria Crítica da Filosofia Social, o qual parte do conflito social para trabalhar o reconhecimento não como autoafirmação do indivíduo, limitado à esfera da autoconsciência, mas como teoria social autônoma, de teor normativo. Para este desdobramento da teoria de Hegel, a qual entende ter se esvaziado nos conceitos idealistas da Filosofia da Consciência, Honneth busca elementos no materialismo da *luta de classes* marxista.

Na *luta pelo reconhecimento*, exposta por Hegel, o direito é definido como

> *relação* da pessoa em seu procedimento para com o outro, o elemento universal de seu ser livre ou a determinação, limitação de sua liberdade vazia. Essa relação ou limitação, eu não tenho por minha parte de maquiná-la ou introduzi-la de fora, o próprio objeto é esse produzir do direito em geral, isto é, da relação que *reconhece*[25].

A partir desta "luta", Honneth analisa o processo de construção social da identidade individual sob os três prismas propostos por Hegel: (i) o amor, ao qual Honneth atribui o reconhecimento da autoconfiança, (ii) os direitos, aos quais designa o reconhecimento do auto-respeito, e (iii) a eticidade, a qual sugere tratamento como *solidariedade*, responsável pelo

---

[25] HEGEL, G.W.F. *Jenaer Realphilosophie* (1969) *apud* HONNET, A. *Luta por reconhecimento*, p. 84-85.

reconhecimento da autoestima social, isto é, da reputação enquanto indivíduo pertencente a um grupo. Na construção deste reconhecimento mútuo, o indivíduo adere à eticidade do convívio social. Por outro lado, sem este reconhecimento, o indivíduo passa a ter comportamentos destrutivos de desrespeito social e não usufrui de liberdade juridicamente reconhecida[26].

Ao analisar as estruturas sociais de reconhecimento, Honneth parte da estima social como conceito primeiro da dignidade humana: uma proteção jurídica da reputação social, embora as consequências jurídicas práticas ligadas a tal proteção sejam obscuras[27]. Honneth também descreve o desenvolvimento da honra a partir de sua universalização jurídica, até que se torne *dignidade*, e a partir da sua privatização, até tornar-se *integridade* subjetivamente definida[28], e conclui que

> nas sociedades modernas, as relações de estima social estão sujeitas a uma luta permanente na qual os diversos grupos procuram elevar, com os meios da força simbólica e em referência às finalidades gerais, o valor das capacidades associadas à sua forma de vida[29].

---

[26] Cf. HONNETH, A. *Luta por reconhecimento*, p. 52-53.
[27] Cf. HONNETH, A. *Luta por reconhecimento*, p. 204.
[28] Cf. HONNETH, A. *Luta por reconhecimento*, p. 206.
[29] Cf. HONNETH, A. *Luta por reconhecimento*, p. 207.

Em Marx, Honneth analisa o conceito de trabalho como elemento normativo, quando o ato de produzir é retratado como processo de reconhecimento intersubjetivo, com a autoafirmação experimentada a partir do produto do trabalho como meio de suprir uma carência do indivíduo social[30], para entender os confrontos sociais da época como uma luta de classes para restauração das possibilidades sociais do reconhecimento integral[31].

Conclui então que a relação jurídica não pode ser reduzida à mera existência de direitos liberais de liberdade. Deve ser ampliada para limitar tanto as relações de amor quanto às de solidariedade, de forma que assegure a proteção da não-violação ou não-violência física ao indivíduo, quanto delimitar os valores materiais por meio dos quais os indivíduos reconhecem-se socialmente autoestimados na formação da identidade coletiva[32].

Da análise dos parâmetros expostos por Honneth, verifica-se que a mera criação de valores distante da realidade social tende ao fracasso, às lutas revolucionárias pela liberdade em si, resultando em desordem e estagnação. Daí se justifica, nas questões jurídicas que envolvem a formação de caráter moral num determinado tempo e espaço, a atuação preventiva da pedagogia, pois estas questões encerram, sobremaneira, a formação

---

[30] Cf. HONNETH, A. *Luta por reconhecimento*, p. 230-231.
[31] Cf. HONNETH, A. *Luta por reconhecimento*, p. 232.
[32] Cf. HONNETH, A. *Luta por reconhecimento*, p. 279-280.

de conceitos coletivamente pensados e estruturados. Em outras palavras, o conceito de integridade científica deve ser inerente à formação do pesquisador, como conceito intrínseco ao seu reconhecimento na comunidade científica.

O meio acadêmico e científico e as questões autorais: aspectos morais e jurídicos

A demanda da sociedade por mais transparência nas publicações científicas é uma crescente que cada vez mais os cientistas devem ter como premissa, e lidar com os novos desafios da ética nas pesquisas e do reconhecimento no meio acadêmico envolve não somente a integridade científica em relação aos dados coletados e conflitos de interesse, mas também questões referentes ao plágio, *ghostwriting* (escrita fantasma), *honorary authorship* (autoria honorária) e usurpação de autoria, desafios que tornam questionáveis o caráter moral das publicações acadêmicas e tornam-se verdadeiros obstáculos ao progresso científico. Considerar estes desafios é primordial para manter a informação e comunicação adequadas da ciência e sua produção, de forma que não podem ser tratadas de forma tácita ou insuficiente no universo acadêmico para manter a confiança social na ciência[33].

---

[33] Cf. VASCONCELOS, S.M.R.; CASSIMIRO, M.C.; MARTINS, M.F.M.; PALACIOS, M. Addressing conflicts of interest in the research paper: a societal demand in contemporary science? *Brazilian Journal of Medical and Biological Research*, 46, 2013, p. 1007-1013. Disponível em:

O plágio é conceito ainda indefinido na legislação brasileira, assim como a usurpação de autoria[34], o que não impede a responsabilidade civil objetiva daquele que reproduz material alheio sem correta indicação de autoria. O Superior Tribunal de Justiça (STJ), em análise a caso de plágio científico reconheceu ao criador de material de aula o dano moral causado pela divulgação de apostila na internet sem consentimento. Quanto ao dano material, entretanto, entendeu que não restou devidamente comprovado[35]. A ideia de plágio remete à atribuição de autoria, para a qual a atribuição devida do crédito é o liame entre a conduta correta e a conduta antiética[36]. Por outro lado, a atribuição de autoria a quem não participou da produção científica é conhecida como *honorary authorship* (autoria honorária), que decorre, no ordenamento brasileiro, da inobservância do artigo 15 da Lei de direitos autorais, com a inclusão de sujeitos periféricos à pesquisa, tais como orientadores, amigos, colegas, chefes, bolsistas ou

---

http://www.scielo.br/scielo.php?script=sci_arttext&pid=S010 0-879X2013001201007. Acesso em: 02 abr. 2013.

[34] Superior Tribunal de Justiça. *Plágio:* quando a cópia vira crime. Notícia publicada em 08/07/2012. Disponível em: http://stj.jus.br/portal_stj/publicacao/engine.wsp?tmp.area=3 98&tmp.texto=106317. Acesso em: 29 mar. 2015.

[35] Recurso Especial n. 1.201.340 - DF, Rel. Min. Maria Isabel Gallotti. Quarta Turma. DJe: 02/08/2012.

[36] Cf. PIMPLE, K.D. Authorship in scientific and academic research. *CORE Issues in Professional and Research Ethics,* 1 (Paper 4), 2012. Disponível em: https://nationalethicscenter.org/resources/714/download/Pimple.pdf. Acesso em 2 abr. 2015.

estagiários, como autores, sem que se tenha clareza quanto à sua efetiva participação na pesquisa. Conforme Goldim, meras contribuições devem constar do agradecimento e não devem ser confundidas com autoria[37].

Outra conduta antiética é a denominada *ghostwriting* ou *ghost writer*, profissional contratado exclusivamente para escrever trabalho em nome alheio. Em julgamento quanto ao Direito Autoral de livro biográfico no qual houve contratação de escritor para redigir o livro baseado nos escritos da personagem principal, o STJ entendeu que o contrato firmado para mera redação do texto a ser publicado é claro em estabelecer que a autoria cabe à protagonista da história[38]. No meio acadêmico, a figura tem viés diverso. Conforme análise de Spinak, "ocorre com maior frequência nos periódicos em ciências da saúde" e

> no caso de uma tese de doutorado produzida por um 'escritor fantasma', o postulante apresenta falsamente o trabalho de outro como próprio, pelo qual está fraudando tanto a instituição que emitiu seu título, como os futuros empregadores para o qual o doutorado é um requisito para o emprego[39].

---

[37] GOLDIM, J.R. *Aspectos éticos, legais e morais relacionados à autoria na produção científica*. Disponível em: http://www.ufrgs.br/bioetica/autor.htm. Acesso em: 29 mar. 2015.
[38] Recurso Especial n. 213.450 - SP. Rel. Min. Paulo de Tarso Sanseverino. Terceira Turma. DJe: 19/02/2015.
[39] SPINAK, E. Ética editorial: "Ghostwriting" é uma prática insalubre. *SciELO em Perspectiva*. Acesso em: 2 Abr 2015.

Segundo o autor, implica, também, em conflito de interesses, quando escritores são contratados para divulgar pesquisas com metodologia questionável a fim de induzir o público acadêmico a aceitar determinada medicação.

Conhecidos em tempos de internet são os *googlectuais*, assim ditos os que constroem uma "erudição ao instante", em consultas rápidas ao sítio de busca *Google.com*, e os *wikieruditos*, trocadilho que designa as pesquisas embasadas no sítio *Wikipedia.org*, comuns em publicações acadêmicas, teses de pós-graduação e em suas avaliações, agrega ao pesquisador pseudo-valores que se desconstroem a partir de uma análise mais aprofundada[40].

O aumento do número de pesquisadores, a necessidade de publicações anuais para obter reconhecimento científico, os recortes cada vez mais específicos da ciência e a facilidade do acesso à informação possibilitado pela internet são fatores que contribuem para a preocupação de criação de códigos de éticas entre os pesquisadores. A avaliação da literatura científica deve considerar de

---

Disponível em: http://blog.scielo.org/blog/2014/01/16/etica-editorial-ghostwriting-e-uma-pratica-insalubre. Acesso em: 2 abr. 2015.

[40] Cf. COSTA, L.M. Desonestidade intelectual: a praga dos googlectuais e wikieruditos. Publicado em 30 out. 07. *Observatório da Imprensa*, edição 457. Disponível em: http://observatoriodaimprensa.com.br/news/view/a-praga-dos-googlectuais-e-wikieruditos. Acesso em: 05 abr. 2015.

forma conjunta o conteúdo, a forma e a ética[41] que se desdobrarão na qualidade da assistência em saúde.

Pode-se afirmar que, além da proteção dos seres humanos participantes da pesquisa científica, as preocupações com fraude acadêmica e as questões da integridade científica também nortearam a criação do sistema CEP/CONEP, integrado pela Comissão Nacional de Ética em Pesquisa do Conselho Nacional de Saúde e pelos Comitês de Ética em Pesquisa[42], o que representou significativo avanço normativo quanto às condutas éticas para pesquisas na área de saúde, entretanto percebe-se que sua atuação se faz, de forma prioritária, na proteção ao público participante da pesquisa. Carece, ainda, de uma concepção ampla de desenvolvimento da pesquisa, quanto ao método, aos dados apresentados e possíveis conflitos de interesse que não digam respeito especificamente ao público participante. Por outro lado, as falhas éticas repercutem na higidez do trabalho desenvolvido pelo sistema, pois, ainda que tivessem atribuição ampliada para a análise completa da integridade, nem sempre conseguirá alcançar todas as possibilidades de fraude ou condutas antiéticas em pesquisa.

---

[41] Cf. PESSANHA, C. Critérios editoriais de avaliação científica: notas para discussão. *Ci. Inf.*, Brasília, v. 27, n. 2, p. 226-229, maio/ago. 1998. Disponível em: http://www.scielo.br/pdf/ci/v27n2/pessanha.pdf. Acesso em: 11 abr. 2015.

[42] Resolução n. 466, de 12 de dezembro de 2012 do Conselho Nacional de Saúde, Capítulo VII.

A Resolução, bem como qualquer normativo que venha a disciplinar a conduta do pesquisador resulta em instrumentos de coerção e punição às condutas antiéticas. Contudo, até o momento da definição e certeza da fraude, é imensurável o dano causado à comunidade científica, à sociedade e ao governo. A punição prevista, por maior impacto que tenha no pesquisador, não terá o condão de restaurar o *status quo* dos usuários e financiadores da pesquisa.

Percebe-se, então, que a solução mais eficaz é a atuação preventiva das universidades na formação do pesquisador, com enriquecimento dos debates acadêmicos desde os primeiros anos de estudo quanto à metodologia e desenvolvimento da pesquisa.

Conclusão

Diante de tantas possibilidades de violação, em lugar de ser tratado como um direito impositivo e autoritário, o Direito Autoral deve ser visto como um direito com caráter pedagógico, educacional com campo fértil para aplicação dos princípios éticos independente do alcance do Estado.

Na seara da Bioética, as condutas antiéticas de autoria ganham ainda mais relevância, por se tratar de questões relacionadas à vida e à saúde.

Com este raciocínio percebe-se a necessidade de disciplina especificamente voltada para a questão da integridade científica na formação do pesquisador como incentivo ao desenvolvimento científico desde os primeiros contatos com a ciência. Pertencer ao mundo acadêmico significa (ou deve significar) conhecer os princípios éticos de convivialidade e os limites impostos pelo Estado pela disciplina jurídica para reprodução e desdobramento dos conhecimentos adquiridos. As condutas antiéticas e o desconhecimento causam insegurança e, com ela, além das violações aos direitos autorais dos pesquisadores, a perda da oportunidade de crescimento da ciência e do pesquisador.

COM O PAI E O ESPÍRITO SANTO[1]
A revelação do amor trinitário na encarnação do Verbo

É no Verbo que são ditas todas as coisas[2]
São Boaventura

André Marcelo M. Soares

No seio da humanidade pecadora, Deus elegeu uma coletividade, o povo de Israel, para a salvação do mundo. A história da salvação continua a desenrolar-se ulteriormente segundo o mesmo princípio de eleição e de substituição, de maneira que se chega a uma redução progressiva. Já que o povo de Israel em sua totalidade não efetiva a missão que lhe foi confiada, inicialmente é um "resto" que se substitui ao povo inteiro: é desse "resto" que os profetas falam. E esse "resto" diminui ainda mais, até reduzir-se a um só homem, o único que pode assumir a missão do

---

[1] Expressão presente no Ofício das Horas Bizantino, no tropário *O monoghenis* (Ὡρολόγιον τὸ μέγα): "Ó Cristo Deus, que por Vossa morte esmagastes a morte, que sois um da Santíssima Trindade, glorificado *com o Pai e o Espírito Santo*, salvai-nos!" (Roma, 1876, p. 82).

[2] BOAVENTURA. *Itinerarium mentis in Deum*, c. 6, n. 2 (V, 311; BAC I, 623).

povo de Israel.... Esse ser único entra na história na pessoa de Jesus de Nazaré, que realiza tanto a missão de sofrido Servo de Iahweh como a missão de Filho do Homem, de que fala Daniel, cumprindo com a sua morte vicária a obra para a qual Deus elegera Israel. Assim, a história da salvação experimenta, até Jesus Cristo, uma redução progressiva: a humanidade - o povo de Israel - o resto de Israel - o único, o Cristo. Até esse ponto a pluralidade tende para a unidade, para Jesus Cristo, que se torna salvador da humanidade, aliás de toda a criação, exatamente enquanto Messias de Israel[3].

Se o evento Cristo e a realidade de Cristo se apresentam dentro do relacionamento entre Deus e o mundo, é necessário aí, tanto para o acontecimento mesmo como para a sua descrição cognoscível e descritível, prestar atenção à correlação e influência mútuas. Trata-se, pois, da relação Deus-mundo com a realidade de Cristo. Entre o evento Cristo central e o global comportamento e relacionamento de Deus com o mundo existe uma relação mútua: a partir do evento Cristo torna-se patente o sentido e a intenção de Deus em todo o seu restante agir na criação, na história e na sua realização. No horizonte do agir de Deus, que cria e acolhe, pode-se determinar o valor central do evento Cristo. Esta relação, com seus dois polos, pode ser descrita em dois sentidos: de uma parte o evento Cristo está do lado de Deus e é, em seu agir, orientado para o mundo; de outra parte, culmina

---

[3] CULLMANN, O. *Cristo e il tempo*. Bologna: Il Mulino, 1965, p. 144-145.

a relação do mundo com Deus em Cristo e recebe daí a orientação e compreensibilidade[4].

O evento Cristo não é exclusivamente a base para o conhecimento do poder de Deus e da revelação da sua glória (kābôd), como se este ponto de partida fosse, a seguir, dispensável. Com base no evento Cristo, a manifestação do poder de Deus torna-se absolutamente sublime. O evento Cristo é o fundamento real e a figura concreta, na qual e como a qual Deus se realiza. Toda a história da vida de Jesus e todas as possibilidades de expressão, todas as figuras de actio e passio humanas são postas à serviço de Deus no seu evento-relação com o mundo. Sendo assim, torna-se necessário afastar o paralelismo platonizante e a ideia de justaposição da figura humana-corporal visível e da realidade divino-espiritual invisível. Uma tal dissociação enfraqueceria, justamente, o aspecto humano concreto do evento de Deus em Jesus. Para ser exato, não se deve falar só do agir de Deus em figura humana, mas como figura humana; pois uma sistemática que se deixasse conduzir pelo dualismo, não poderia fazer justiça à concretude de Deus nas palavras e obras de Jesus. Neste sentido, a cristologia de Cirilo[5] conservou melhor o caráter

---

[4] Cf. GOPPELT, L. Teologia do novo testamento. Vol. 1, São Leopoldo: Edição Sinodal/Vozes, 1983, p. 37-41.
[5] Cf. FEINER, J.; LOEHRER, M. Mysterium salutis. Compêndio de dogmática histórico-salvífica. Vol. III/3, Petrópolis: Vozes, 1975, p. 60-68.

sacramental do que a separação antioquena[6] (cf. DS 250-263).

Jesus é o evento da auto-revelação de Deus; da justiça benévola de Deus com os pecadores, evento da comunicação da sua própria vida, luz e glória (*kābôd*). Neste auto-evento de Deus, não cabe a Jesus unicamente a função externa do portador, do comentador que fala, do mediador que está de fora e depois se afasta. O "*por meio de*" da mediação cristológica não é nada menos do que a figura de Deus mesmo. Jesus age sempre numa interna relação retrospectiva com aquele Deus que o envia e que se realiza nele. O caráter escatológico da promessa e exigência salvíficas de Deus transferem-se para seu falar e agir humanos. A história do auto-evento de Deus é a história de Jesus e vice-versa.

> Não se pode entender o Deus-homem como se Deus ou o seu Logos houvesse se disfarçado de certa forma para fins de seu agir salvífico, como o fito de poder emitir sua voz aqui dentro do nosso mundo para nós. Jesus é verdadeiramente homem, possuindo simplesmente tudo o que é parte de um homem, inclusive subjetividade finita, na qual - à sua maneira própria e singular,

---

[6] "A heresia nestoriana via em Cristo uma pessoa humana unida à pessoa divina do Filho de Deus. Perante esta heresia, São Cirilo de Alexandria e o terceiro Concilio ecumênico, reunido em Éfeso em 431, confessaram que «o Verbo, unindo na sua pessoa uma carne animada por uma alma racional, se fez homem». A humanidade de Cristo não tem outro sujeito senão a pessoa divina do Filho de Deus, que a assumiu e a fez sua desde que foi concebida": CATECISMO DA IGREJA CATÓLICA, § 466.

historicamente condicionada e finita - o mundo chega a si mesmo, e subjetividade finita que, precisamente pela autocomunicação divina da graça, situa-se em radical imediatez para com Deus, como também é dada a nós na profundidade de nossa existência[7].

Jesus Cristo veio na carne (cf. Jo 1, 14; 1Jo 4, 2; 2Jo 7), todavia, o clássico texto encarnatório Jo 1, 14, só se torna plenamente inteligível no contexto do prólogo. Pois antes se fala da preexistência incorpórea do *Logos* junto a Deus e a sua encarnação só é anunciada no v.14 como um novo evento. O *Logos* existiu uma vez e isto desde toda a eternidade ("no princípio" v.1)[8]. A partir daí, pode-se apresentar à heresia ariana uma prova contrária na medida em que a transportamos das suas próprias categorias ontológicas para as perspectivas histórico-teológicas do Novo Testamento: se existiu um tempo em que o *Logos* ainda não era, então também existirá um tempo em que ele não mais será. Neste caso, a Revelação feita por este *Logos* criado, que não existiu sempre e nem há de durar para sempre, é superável e anulável. Por isso, a Igreja primitiva procurou traduzir a definição do auto-evento de Deus em Jesus,

---

[7] RAHNER, K. *Curso fundamental da fé*. Introdução ao conceito de cristianismo. São Paulo: Paulinas, 1989, p. 235-236.

[8] Assim comenta Atanásio de Alexandria (296-373): "O verbo de Deus, incorpóreo, incorruptível e imaterial, veio habitar no meio de nós, se bem que antes não estivesse ausente. De fato, nenhuma região do mundo jamais esteve privada de sua presença, porque, pela união com seu Pai, ele estava em todas as coisas e em todo lugar": ATANÁSIO. *De incarnatione Verbi Dei*, 8-9: PG 25, 110-111.

simultaneamente, nas categorias históricas do Novo Testamento e nas da ontologia grega. Somente assim seria possível vencer o arianismo no seu próprio campo de pensamento. Portanto, a superioridade escatológica da Revelação de Cristo se constitui na sua identidade essencial com Deus Pai (DS 125s).

A afirmação joanina de que "o *Logos* se fez carne" (Jo 1, 14) só pode ser entendida como um evento que cria uma nova maneira de ser do *Logos*. Ele não se "transformou em carne", pois é ainda sujeito do enunciado seguinte ("e habitou entre nós" Jo 1, 14b), continuando pois a existir. Nem ainda aconteceu nele somente uma transformação exterior, um "revestimento com carne"[9], o que não corresponderia ao "fazer-se". Ao contrário, assumiu plenamente o modo humano de existir, sem deixar de ser o *Logos*, pois "se Deus se encarna para divinizar o homem, é necessário que ele assuma tudo no homem, do início ao fim de sua natureza"[10]. Enquanto homem, Jesus é verdadeiramente membro da espécie humana, inclusive "quis levar a vida de um operário própria de seu tempo e de sua região"[11].

---

[9] Concílio de Nicéia 325 (DS 125-126); Concílio Constantinopolitano I, 381 (DS 150); Concílio de Éfeso, 431 (DS 250-268); Concílio de Calcedônia, 451 (DS 300- 302).

[10] CHENU, M.-D. *La parole de Dieu*. Vol. II, Paris: Du Cerf, 1964, p. 352.

[11] CONCÍLIO VATICANO II. *Lumen gentium*, n. 32.

"A face do Cristo servo"[12] é a face do Verbo e Filho Unigênito, que "trabalhou com mãos humanas, pensou com inteligência humana, agiu com vontade humana, amou com coração humano"[13]; tudo isso para assumir e recapitular em si a história do mundo[14]; a história de todas as inteligências, de todas as liberdades e de todos os corações humanos. Como homem, Jesus é *servo* perante Deus; como portador da natureza pecadora, Ele se acha *destinado a uma morte maldita*. Como Filho Eterno de Deus, permanece livre em sua doação (cf. Jo 10, 18). É só neste contexto de doação que se pode entender a relação obediencial de Jesus para com o Pai. Sua obediência não se dirige a um destino anônimo, mas somente ao Pai. Deste modo, toda a vida de Jesus é paixão e caminho para a cruz: "vive na escuta do Pai e na abertura para o outro"[15].

Na sua morte Jesus obedece à vontade do Pai até as últimas consequências. Ele se sujeita a uma morte violenta porque não abandona a missão que lhe foi assinalada no horizonte do Reino de Deus, na realização da benévola vontade salvífica do Pai (cf. Mc 14, 36). O caráter incondicional com que ele

---

[12] CONCÍLIO VATICANO II. *Unitatis redintegratio*, n. 12.

[13] CONCÍLIO VATICANO II. *Lumen gentium*, n. 22.

[14] Cf. CONCÍLIO VATICANO II. *Lumen gentium*, n. 38. É neste sentido que o teólogo alemão Wolfhart Pannenberg afirma que "a história é o horizonte mais amplo dentro do qual a Teologia se movimenta": PANNENBERG, W. *Questioni fondamentali di teologia*. Brescia: Queriniana, 1975, p. 30.

[15] RATZINGER, J. *Introdução ao cristianismo*. São Paulo: Herder, 1970, p. 176-177.

cumpre e sustenta esta incumbência acarreta-lhe primeiramente a contradição e, depois, a resistência de fato (cf. Mc 3, 6). Jesus permanece nessa missão e identifica-se com ela mesmo quando a resistência contra a sua mensagem e o seu agir se transformam em aniquilação (cf. Mc 12, 6-8). Em sua morte dolorosa torna-se visível o seu amor sem reservas pelo mundo (cf. Jo 13, 1).

Na cruz, Jesus mostra a face solidária do Pai. Ele é a imagem apaixonada do Deus apaixonado; é o "Servo de Deus" (cf. At 3, 13-26; 4, 27), o "Justo" (cf. At 3, 14), aquele que é entregue às mãos dos pecadores por meio dos pecadores e em favor dos pecadores. Abandonado (cf. Fl 2), Ele está de pleno acordo (*cum cordis*) em sua obediência absoluta e com sua entrega total. Ainda na cruz, o Filho estabelece uma relação dialógica entre a humanidade e a divindade[16]. Sua dor solitária é a dor do Deus solidário, que assume nossa culpa e nos coloca novamente numa relação de filhos. "O *Logos*, que em si não podia morrer, assumiu um corpo que pudesse morrer, a fim de oferecê-lo como seu, em benefício de todos"[17].

A ressurreição do Filho morto é, em geral atribuída à ação do Pai, estando a efusão do Espírito Divino intimamente ligada a esta ressurreição. Ao apresentar o Filho ao mundo,

---

[16] Cf. BALTHASAR, H.U. von. *La gloire et la croix: nouvelle alliance.* Paris: Aubier, 1965, p. 227-235.
[17] ATANÁSIO. *De incarnatione Verbi Dei*, 20: PG 25, 152 B.

como aquele que se tornou definitivamente vivo por seu intermédio, o Pai deixa ao Filho toda a espontaneidade da própria manifestação, do contrário ser-nos-ia mostrada apenas uma imagem e não um ser vivente. Aqui o mais relevante é a revelação do mistério trinitário, ou seja, o Filho revela o Pai, que nele se manifesta, e a força do Espírito Santo que nele age[18].

A lógica inefável da Trindade

É história trinitária, antes de tudo, a ressurreição do crucificado: o amplo depoimento das testemunhas afirma que Cristo foi ressuscitado (cf. At 2, 24; 3, 15; 4, 10; 5, 30; 1Ts 1, 10; 1Cor 6, 14; 15, 15; 2Cor 4, 14; Gl 1, 1; Rm 2, 24; 10, 9; 1Pd 1, 21 etc.). A iniciativa é de Deus, o Pai: "Deus o ressuscitou" (At 2, 24). A ressurreição é a ação poderosa de Deus, "Pai da Glória" (*kābôd*), que nela mostra "a extraordinária grandeza do seu poder", "a eficácia da sua força" (Ef 1, 19). Nela, o Pai faz história, porque toma posição sobre o crucificado, declarando-o Senhor

---

[18] "*Três são os que dão testemunho do céu: o Pai, o Verbo e o Espírito Santo; e estes três são uma mesma coisa*" (1Jo 5, 7). O testemunho é dado pelos três, mas é expresso pelo verbo, porque o Verbo expressa tanto o Pai como a si mesmo, como o Espírito Santo e todas as demais coisas": BOAVENTURA. *Hexaemeron*, col. 9, n. 2 (V 375; BAC III, 319-320). De acordo com Alexander Gerken, "mediante o Verbo, a estrutura trinitária de Deus transforma-se em *expressão*, porque é próprio do Verbo ser, em Deus, expressão": GERKEN, A. *Theologie des Wortes*: Das Verhältnis von Schöpfung und Inkarnation bei Bonaventura. Düsseldorf: Patmos Verlag, 1963, p. 73.

e Cristo: "Deus constituiu Senhor e Cristo a esse que vós crucificastes" (At 2, 36)[19].

Com sua ressurreição dentre os mortos, Jesus Cristo foi instituído na glória de Deus, pois o Pai glorificou seu Filho de tal forma que ele "se tornasse em tudo o primeiro" (Cl 1, 18). Assim, lhe estão sujeitas todas as potestades e dominações (cf. Ef 1, 19-22; 1Cor 15, 23-28; 1Pd 3, 22). O Filho é o reflexo da glória de Deus Pai (cf. Hb 1, 3). Nele, todos reconhecem a Deus Pai (cf. Jo 17, 3) em sua glória original (cf. Jo 17, 5) e o contemplam como ele é (cf. 1Jo 3, 2).

> História do Pai, a ressurreição é também história do Filho: amplamente atestada é a tradição que afirma: "Cristo ressuscitou" (cf. Mc 16, 6; Mt 27, 64; 28, 67; Lc 24, 6.34; 1Ts 4, 14; 1Cor 15, 3-5; Rm 8, 34; Jo 21, 14 etc.). A proclamação de que Jesus é o Senhor é sempre "para a glória (*kābôd*) de Deus Pai" (Fl 2, 11)[20].

O Pai glorifica o Filho e o Filho, em sua história, é a própria glorificação encarnada do Pai, pois a glorificação do Filho é a glorificação do Pai e a glorificação do Pai, por Cristo, é a sua revelação por Cristo (cf. Jo 17, 4.6).

> A Ressurreição é, enfim, história do Espírito: é na sua força que Cristo foi ressuscitado: "morto na carne (foi) vivificado no Espírito" (1Pd 3, 18).

---

[19] FORTE, B. *A Trindade como história*. Ensaio sobre o Deus cristão. São Paulo: Paulinas, 1987, p. 29-30.
[20] FORTE, B. *A Trindade como história*, p. 29-30.

Jesus foi estabelecido pelo Pai "Filho de Deus com poder por sua ressurreição dos mortos, segundo o Espírito de santidade" (Rm 1, 4). O Espírito é antes de tudo aquele que é dado pelo Pai ao Filho para que o Humilhado seja Exaltado, e o Crucificado viva a vida de Ressuscitado; e é ao mesmo tempo o que o Senhor Jesus dá segundo a promessa (cf. Jo 14, 16; 15, 26; 16, 7): "Este mesmo Jesus ressuscitou-o Deus, e disso somos testemunhas. E agora exaltado pela direita de Deus, recebeu do Pai o Espírito Santo, objeto da promessa, e o derramou" (At 2, 32s)[21].

O Espírito é o vínculo pessoal de unidade entre o Pai e o Filho: é o amor dado pelo amante e recolhido pelo amado, outro que não o Pai porque recebido do Filho, outro que não o Filho porque dado pelo Pai, um com eles porque amor dado e recebido na unidade do processo do amor eterno[22]. Dessa forma, Ele não pode ser afirmado como Espírito do Pai somente e nem do Filho somente, mas simultaneamente do Pai e do Filho[23].

De fato, não procede do Pai no Filho, nem do Filho para santificar a criatura, mas se demonstra que precede simultaneamente de um

---

[21] FORTE, B. *A Trindade como história*, p. 32.
[22] Cf. ALEXANDRE DE HALES. *Summa theologica*, n. 305 (I, 445).
[23] O Espírito Santo é, para Agostinho, *pessoalmente* o amor mútuo do Pai e do Filho. Na visão de Ricardo de São Vitor, o Espírito Santo está relacionado ao amor mútuo do Pai e do Filho como objeto de amor, como *co-amado, con-dilectus*, o amor comum. Cf. RICARDO DE SÃO VITOR. *De Trinitate*, l. 3, c. 11-20 (PL 196, 922-928).

e do outro; porque se reconhece que a caridade e a santidade são de um e de outro" (DS 527) [24].

A autocomunicação divina que constitui o Espírito é designada pelo conceito de *processão* (denominada de *espiração*). Não se deve chamar de *geração* (cf. DS 485, 490, 527, 617), pois surgiria o equívoco de que haja *dois Filhos* ou haveria perigo de considerar o Espírito, à maneira puramente *modalista*, como somente o relacionamento do Filho Ressuscitado e Exaltado conosco, no qual Ele se nos comunica. Enquanto dom do Pai e do Filho, tampouco se deve encará-lo *modalisticamente*, como modo de aparecer do próprio Pai; não é, portanto, "sem origem" – *ingenitus* (cf. DS 71, 75, 683). Positivamente, a *processão* não é descrita senão com muita cautela, sendo caracterizada como *processão* a partir do amor mútuo do Pai e do Filho e neste sentido se origina "pela vontade" (cf. DS 573, 3326, 3331)[25].

---

[24] De acordo com o Concílio XI de Toledo (675): "Reconhecemos a Trindade na distinção das pessoas, e professamos a unidade levando em conta a natureza ou substância. Assim, os três são um por natureza, e não enquanto pessoa" (DS 530).

[25] "O Espírito Santo, que é a terceira pessoa da Santíssima Trindade, é Deus, uno e igual ao Pai e ao Filho, da mesma substância e também da mesma natureza... Contudo, não dizemos que Ele é somente o Espírito do Pai, mas, ao mesmo tempo, o Espírito do Pai e do Filho": Concílio de Toledo XI, DS 527. Ver também: TOMÁS DE AQUINO. *Commentum in quatuor libros sententiarum magistri Petri Lombardi*, L. I, d. 10, q, 1, a. 3 ad 3.; ALEXANDRE DE HALES. *Summa theologica*, n. 308 (I, 446-447).

Se o Pai, o Filho e o Espírito Santo possuem a mesma e única substância (*ousia*) e não são simplesmente a mesma pessoa (*hipóstase*) – a mesma realidade representada por três modos, tal como entendiam os *monarquianos* ou *modalistas* – então de quem são os atos divinos? De acordo com Agostinho, a Trindade é indivisível e o seu agir "também é indivisível naqueles eventos [...] que, por sua vez, se destinam a revelar somente o Pai, o Filho, ou o Espírito Santo"[26]. Em outros termos, "ainda que todos os atos divinos sejam, simultaneamente, atos do Pai, do Filho e do Espírito Santo, não são, todavia, do mesmo modo"[27].

Pai, Filho e Espírito distinguem-se apenas relativamente (cf. DS 528, 532, 570), isto é, no sentido de que eles, em sua distinção, não se devem considerar constituídos por algo que signifique uma diferença preexistente à sua relação mútua e que seja o fundamento desta relação, que dela decorra como consequência sua. Pois, semelhante diferença anterior à relação, como tal, acrescentaria algo à divindade única, anulando-a como absolutamente infinita e única. Vê-se, pois, que o conceito *relação* é uma explicação lógica e não ontológica. Não se trata da *relação* de três deuses (*triteísmo*), ou de três figuras distintas essencialmente em divindade uma das outras. Gregório de Nissa (335-394), em sua fórmula trinitária, afirma se tratar de *mia ousia, treis hypostáseis*

---

[26] AGOSTINHO. *De Trinitate*, IV 21.
[27] SCHLINK. E. *Ökumenische Dogmatik*. Göttingen: Vandenhoeck & Ruprecht, 1985, p. 745.

(uma essência, três hipóstases)[28]. A afirmação do Concílio de Nicéia (325) sobre a *consubstancialidade* do Filho com o Pai diz, contra o *subordinacionismo* ariano (que subordinava uma pessoa a outra na Trindade), que estão no mesmo plano do ser divino, são um na divindade, de uma mesma *essência* (cf. DS 125)[29]. Considerando esta afirmação, Walter Kasper (1933-) observa que a doutrina da Trindade é a "gramática de todo o mistério da salvação cristã"[30]. Em outras palavras, o credo trinitário é a

> fórmula da fé cristã por excelência e o anúncio crucial da compreensão cristã de Deus. Ele define o conceito de Deus via história da Revelação, e fundamenta essa história na essência de Deus[31].

O evento pascal não revela de outro modo a essência divina senão como evento eterno do amor entre as três pessoas da Trindade e do seu amor

---

[28] No Ocidente esta fórmula encontrou correspondência na seguinte expressão: *"uma substantia, tres personae"*. Durante o Concílio de Nicéia (325), os defensores da doutrina origenista, temendo que a *doutrina das três hipóstases* (três pessoas) conflitasse com a *doutrina da homousia* (igualdade essencial), adotaram a *doutrina da homoiusia* (semelhança essencial) das *três hipóstases*. Esta decisão os tornou suspeitos de triteísmo. Em 362, o Sínodo de Alexandria estabelece um entendimento acerca do problema.

[29] Cf. RATZINGER, J. *Introdução ao cristianismo*, p. 126-127.

[30] KASPER, W. *Der Gott Jesu Christ*. Mainz: Matthias Grünewald Verlag, 1982, p. 378.

[31] KASPER, W. *Jesus der Crhristus*. Mainz: Matthias Grünewald Verlag, 1974, p. 203.

pela humanidade[32]. "A essência divina como amor não exclui, mas inclui as diferenças pessoais: e isto vale tanto na imanência da vida divina (*pericorese trinitária*) como no mistério desta vida participada aos homens (relação Deus-homem e comunhão eclesial)"[33].

> Deus é amor: aquele que permanece no amor permanece em Deus e Deus permanece nele (1Jo 4, 16). A Trindade como história eterna do amor "desvenda verdadeiramente o homem ao homem e lhe dá a conhecer a sua altíssima vocação" (cf. Gaudium et Spes n. 22)[34].

A unidade das três pessoas no amor é a razão última da unidade da Igreja. Ela é aquela que na história (*chrónos*) quer tornar visível o tempo de Deus (*kairós*), por isso ela é o *ícone da Trindade*: assume o amor como sua real vocação e com isso se torna sacramento da presença do amor trinitário[35].

---

[32] Neste sentido, Agostinho, em *De Trinitate* (VIII 8, 12), afirma: "*Vides Trinitatem, si caritatem vides*" (*contempla a Trindade, se vês a caridade*).

[33] FORTE, B. *A Trindade como história*, p. 142.

[34] FORTE, B. *A Trindade como história*, p. 142. De acordo com Alexandre de Hales, o *Doctor irrefragabilis*, "a caridade tende sempre ao outro. Por este motivo, o amor supremo não vai de si mesmo a si mesmo [...]. A caridade não pode nunca ser solitária: pressupostamente, menos ainda a caridade suprema": ALEXANDRE DE HALES. *Summa theologica*, n. 324 (I, 440.453).

[35] Cf. CONGAR, Y. *Les chrétiens desunis*. Paris: Du Cerf, 1937, p. 59.

Sacramento do amor trinitário

> Comunicando-se ao homem, não pode a Trindade, unidade essencial e profundíssima comunhão dos três no amor, deixar de suscitar comunhão. Essa comunidade dos homens recolhida na unidade do Pai, do Filho e do Espírito Santo, esse "ícone" da Trindade Santa, não simples reenvio a ela, mas sua eficaz expressão, a Igreja, povo reunido por Deus Pai através das missões do Filho e do Espírito, a *Ecclesia de Trinitate*. A Igreja não nasce "de baixo", da convergência de interesses puramente mundanos ou do ímpeto de qualquer coração generoso: não é simplesmente um fruto da terra; como o seu senhor, a Igreja é *Oriens ex Alto*, fonte do Alto, de junto de Deus, posta no tempo pela admirável iniciativa do amor trinitário[36].

Deus, pelo Cristo, quis introduzir os homens nessa sociedade de amor. Quis que os homens dispersos, divididos, filhos da cólera e da iniquidade, estivessem juntos e unidos entre si na caridade, à imagem da sociedade trinitária: "Que sejam como nós" (Jo 17, 11); quis que o elemento de coesão fosse o próprio amor pelo qual o Pai dá ao Filho tudo quanto Ele mesmo possui, e o Filho, por sua vez, dá ao Pai tudo o que tem (cf. Jo 17, 26). A partir daí é possível afirmar com o teólogo Yves Congar (1904-1995), que

> a unidade da Igreja é uma comunhão e uma extensão da própria unidade de Deus. A vida que está eternamente no seio do Pai, depois de ser

---

[36] FORTE, B. *A Trindade como história*, p. 188-189.

comunicada no próprio Deus para construir a sociedade divina, a das três pessoas da Santíssima Trindade, é mediante a graça, comunicada às criaturas espirituais, antes de mais nada aos anjos e depois a nós. Isso é a Igreja: extensão da vida divina a uma multidão de criaturas[37].

É importante notar, entretanto, que a imagem da Igreja como *ícone da Trindade* está baseada fundamentalmente nas relações que Cristo nos revela entre Ele, seu Pai e o Espírito Santo. Entre Ele e nós. É aqui, neste ponto, que a Eclesiologia se liga à Cristologia e esta, por sua vez, instaura uma relação indispensável entre Eclesiologia e Trindade. Assim, como a santidade de Deus passa para a Igreja através de Cristo, o mesmo ocorre com a unidade.

> Para que uma *Ecclesia de Trinitate* possa encontrar-se com uma *Ecclesia ex hominibus*, foi necessário que o *Deum de Deo, Lumen de Lumie* se tornasse *Homo Factus ex Maria Virgine*. O *ex hominibus* e o *de Trinitate* não se reúnem senão *In Christo*, porque "há um só mediador" entre Deus e os homens, Jesus Cristo feito homem (1Tm 2, 5)[38].

Dessa forma "a unidade da Igreja não é em primeiro lugar a unidade de seus membros, mas sim a unidade de Cristo (expressa na encarnação, morte e ressurreição), que age sobre eles em todos

---

[37] CONGAR, Y. *Les chrétiens désunis*, p. 59.
[38] CONGAR, Y. *Les chrétiens désunis*, p. 73.

os lugares [...]"[39]. À Igreja que ele fundou, Cristo deu-lhe como elemento de coesão e de expansão o Espírito que une, entre si, o Pai e o Filho. Podemos assim compreender que a sociedade eclesial, animada por esse princípio, transcenda os limites do espaço (cf. At 1, 8), do tempo (cf. Mt 28, 20) e dos particularismos humanos[40] (cf. Mt 28, 19).

> Estruturada segundo a *exemplaridade trinitária*, a Igreja deverá manter-se distante tanto de uma uniformidade que achate e mortifique a originalidade e a riqueza dos dons do Espírito, quanto de toda a contraposição lacerante, que não resolva na comunhão com o Crucificado a tensão entre carismas e ministérios diversos, em uma recepção fecunda e recíproca das pessoas e

---

[39] MOLTMANN, J. *La chiesa nella forza dello Spirito*. Brescia: Queriniana, 1976, p. 436.

[40] A este respeito, é oportuno ressaltar a observação do Papa Francisco sobre os *particularismos* presentes no seio da Igreja do início do século XXI: "A fé católica de muitos povos encontra-se hoje perante o desafio da proliferação de novos movimentos religiosos, alguns tendentes ao fundamentalismo e outros que parecem propor uma espiritualidade sem Deus": FRANCISCO, PP. *Evangelii gaudium*, n. 63. No discurso à Cúria Romana por ocasião da apresentação das felicitações natalinas (22/12/2014), o Pontífice volta a sua atenção para "a doença da má coordenação. Quando os membros perdem a comunhão entre si e o corpo perde a sua funcionalidade harmoniosa e a sua temperança, tornando-se uma orquestra que produz barulho, porque os seus membros não cooperam e não vivem o espírito de comunhão e de equipe". Mais adiante, Francisco conclui que "só o Espírito Santo – a alma do Corpo Místico de Cristo, como afirma o Credo Niceno-Costantinopolitano: «Creio... no Espírito Santo, Senhor e vivificador» – pode curar todas as enfermidades".

das comunidades na unidade da fé, da esperança e do amor[41].

"Os ministérios são do Espírito"[42]. A designação para o exercício de tais "funções" especiais é efetuada pela comunidade, mas não é a comunidade que confere aos escolhidos o poder carismático: este vem de Cristo por meio do Espírito Santo. Cada ministério, está em si, voltado para a maior glória de Deus, pois não há ministério que tenha seu fundamento e seu objetivo em si mesmo.

A dimensão ministerial da Igreja encontra em Cristo o seu modelo e a sua essência. A vida de Cristo, enquanto Verbo encarnado, está pautada na obediência ao Pai, na glorificação do seu santo nome, levando até o fim a sua missão[43]. A Igreja, partindo desta realidade, se torna no mundo o sacramento de Cristo, prosseguindo sua obra e sua presença[44], uma vez que, tal como Cristo, todo o serviço realizado pela Igreja é para que Deus seja plenamente glorificado[45].

Por força do princípio divino que a vivifica, que é o Espírito de Deus, a Igreja constitui, já na terra, como que um esboço de Jerusalém celeste, como que uma antecipação do Reino.

---

[41] FORTE, B. *A Trindade como história*, p. 190.
[42] MOLTMANN, J. *La chiesa nella forza dello Spirito*, p. 377.
[43] Cf. CONCÍLIO VATICANO II. *Ad gentes*, n. 3.
[44] Cf. CONCÍLIO VATICANO II. *Ad gentes*, n. 5. Ver também: DE LUBAC, H. *Cattolicismo*. Roma: Studium, 1948, p. 52-53.
[45] Cf. CONCÍLIO VATICANO II. *Ad gentes*, n. 7.

A Igreja, na força do Espírito, ainda não é o Reino de Deus, mas é certamente a sua antecipação na história. O cristianismo ainda não é a nova humanidade, mas é, sem dúvida, a sua vanguarda na luta da resistência contra toda a clausura de morte, em sua dedicação e representação pelo futuro do homem[46].

"A Igreja de Jesus Cristo é o povo do reino de Deus"[47], que através das *mirabilia Dei* se orienta e busca viver o *já* do Reino no *ainda não* da história da finitude humana.

---

[46] MOLTMANN, J. *La chiesa nella forza dello Spirito*, p. 262.
[47] MOLTMANN, J. *La chiesa nella forza dello Spirito*, p. 262.

UM PROJETO DE REUNIFICAÇÃO ENTRE O OCIDENTE E O ORIENTE CRISTÃOS

O diálogo entre Francisco e Bartolomeu I

De Deus é o Oriente!
De Deus é o Ocidente!
O Norte e a região do Sul
Repousam na paz de suas mãos!![1]
J.W. Goethe

Renato da Silveira Borges Neto

O movimento ecumênico, nascido no início do século passado por iniciativa protestante, anglicana e ortodoxa como resposta à oração de Jesus[2] - todo o cap. 17 do evangelho de João é uma intensa oração de Jesus a Deus, seu Pai - foi só tardiamente reconhecido de maneira oficial pela Igreja Católica (mesmo se, extra-oficialmente, houvessem iniciativas ao mesmo tempo tímidas e inspiradoras). Do lado católico, nomes como John

---

[1] GOETHE, J.W. Talismane. In: *West-östliche Divan*, 3.
[2] "Não rogo somente por eles, mas pelos que, por meio de sua palavra, crerão em mim: a fim de que todos sejam um. Como tu, Pai, estás em mim e eu em ti, que eles estejam em nós, para que o mundo creia que tu me enviaste" (Jo 17, 20-21).

Henry Newman (1801-1890), Leão XIII (1878-1903), Fernand Portal (1855-1926), Paul Couturier (1881-1953), João XXIII (1881-1963), Agustín Bea (1881-1968) e Paulo VI (1897-1976), e do lado ortodoxo, Atenágoras I (1881-1968), Nicolás Berdiaeff (1874-1948), Paul Evdokimov (1901-1970), Nikos Nissiotis (1925-1986), todos eles procuraram - respeitando o seus próprios contextos e com vitórias e fracassos - contribuir com suas convicções pessoais para a superação da unidade perdida da Igreja.

Precedido por um período de encontros e documentos nem sempre positivos e por um diálogo teológico que acabava por não respeitar a paridade entre as partes dialogantes (de fato, naquele momento histórico seria quase inimaginável uma sintonia doutrinal entre a teologia católica pré-conciliar e as linhas teológicas do nascente movimento ecumênico), o Concílio Vaticano II marcará uma grande reviravolta em relação ao ecumenismo. Foi a partir dele - e mesmo enquanto ainda estava em curso - que o Espírito Santo *soprou* com mais intensidade a reaproximação entre o Oriente e o Ocidente cristãos, àquela altura separados formalmente há mais de 900 anos.

Contextualizando a temática: uma visão histórica do afastamento

A título de contextualização, e para que se possa manifestar mais claramente a importância desta bela página da história da unidade entre os cristãos que o Papa Francisco e o Patriarca Atenágoras I estão escrevendo na atualidade, é importante iniciar com algumas notas históricas que remontam, em boa parte, aos primeiros séculos do cristianismo.

Em 117 d.C., ainda sob o império de Trajano (53-117 d.C.), o Império Romano atingiu seu apogeu territorial, sua máxima extensão em toda a história de sua existência. No tempo do imperador Diocleciano (244-311 d.C.), provavelmente entre os anos 285-286 (seus primeiros anos como imperador), houve a divisão do Império Romano em uma parte ou reino ocidental e uma outra oriental. Em 330, já tendo Constantino (272-337 d.C.) como imperador, aconteceu algo, até então, impensável: a capital do Império *Romano* foi mudada de Roma para a Ásia Menor, para uma cidade que levava o nome do imperador: Constantinopla, conhecida também como a nova-Roma, onde encontra-se hoje a moderna Istambul, na Turquia. Ela seria, por mais de mil anos, a capital do Império Bizantino e estaria no centro do cristianismo oriental ortodoxo. Em 395, com a morte do imperador Teodósio (347-395 d.C.) - o último imperador a ter governado a integralidade do Império Romano, depois de ter conseguido reunificar suas partes em 392 -, o Império Romano volta (desta vez, definitivamente) a ser dividido em dois impérios distintos gerando, por assim dizer, o Ocidente e o Oriente cristãos. Alguns anos mais tarde, em 476, cai o Império Romano do Ocidente;

quase mil anos depois, em 1453, com a queda de Constantinopla, cai também o Império Bizantino.

Poder-se-ia dizer que desde o início desta caminhada, houve sempre uma distância *efetiva* entre aquelas duas partes do extenso território do globo terrestre que representava o Império Romano. Aquela distância foi, bem cedo, no entanto, tornando-se distância *afetiva*. Muitos fatores contribuíram para isto. Não será possível aprofundar aqui as questões relativas a este distanciamento, mas poder-se-ia, pelo menos e sem a pretensão de exatidão, indicar dois grandes grupos de fatores que estariam entre as principais motivações responsáveis pelo afastamento efetivo e afetivo do Ocidente e do Oriente cristãos:

1- Um primeiro grupo de fatores que poderia ser aqui recordado é, nas palavras de J. Vercruysse, o "afastamento eclesiológico, cultural e político crescente entre helenismo e latinidade"[3]. Mais uma vez não teremos como nos deter neste ponto, mas pode-se afirmar que nem sempre é dado ao aspecto cultural a devida importância. Ele traz, no entanto, em seu bojo o elemento nacionalista, o político e o linguístico de cada povo, e isto foi decisivo, por exemplo, no caso das divisões da Igreja no século V que teve como cerne, especialmente, a Cristologia. Não foi menos decisivo,

---

[3] VERCRUYSSE, J. *Introdução à teologia ecumênica*. São Paulo: Loyola, 1998, p. 24. Pe. Jos Vercruysse é jesuíta e professor-emérito de História da Igreja e Ecumenismo da Universidade Gregoriana de Roma (PUG).

porém, para a própria divisão entre a Igreja de Roma e de Constantinopla no século XI, como ficará claro adiante. No caso da divisão do séc. V, houve por parte de um grupo de igrejas orientais sérias dificuldades em relação às decisões do Concílio de Calcedônia (451 d.C.), especialmente em relação à *communicatio idiomatum*: Jesus Cristo verdadeiro homem e verdadeiro Deus, uma Pessoa em duas naturezas, distintas, não confusas. Isso acabou por precipitar a separação de cristãos que não aceitaram as decisões conciliares, o que deu vida àquelas que ficaram conhecidas como Igrejas Não-Calcedonianas ou Monofisitas. Tais igrejas - que existem até hoje e que formalmente reconhecem apenas os três primeiros concílios: Niceia, Constantinopla e Éfeso - encontravam-se em um território periférico do Império Romano, vivenciando uma cultura diversa e sentindo-se excluídas da sua vida política, bem como carentes de proteção imperial em tempos de guerra. Hoje, levando em consideração precisamente aquele ambiente cultural e teológico diverso, considera-se que essa divisão se encontre em um estágio de revisão histórica através do qual tem sido dada a devida atenção à questão das diferentes tradições teológicas que eram utilizadas. Percebe-se hoje que, nos limites territoriais do império, havia uma tradição teológica claramente distinta daquela utilizada no Concílio de Calcedônia, marcadamente greco-romana. Como afirma a especialista em ecumenismo do *Centro Pro-Unione* de Roma, professora Rossi,

O concílio de Calcedônia, de fato, ao definir o dogma cristológico, utilizou categorias conceituais familiares à cultura latina e grega, tais como *homoúsios* e *phýsis*. A tradição cultural oriental difusa naquelas áreas tinha já desenvolvido uma própria linha teológica (claramente presente também na linha patrística siríaca), apoiada por categorias hermenêuticas próprias, expressas em formas diferentes, que hoje são reconhecidas como uma verdadeira e própria "tradição", denominada "siríaca" (de caráter semita), que se deve colocar ao lado daquela latina e grega, mais conhecidas[4].

2- Um outro grupo de fatores que também concorreu para o afastamento e estranhamento do Ocidente e Oriente cristãos está ligado ao surgimento de dificuldades geopolíticas e teológicas de diversas ordens, como o gradual distanciamento que Roma começa a ter de Bizâncio especificamente nos séculos VIII-IX e a sua consequente aproximação dos povos que habitavam os territórios do norte, que hoje compõem a Inglaterra, a França e a Alemanha (pode-se recordar a aproximação com Pepino, o Breve; Carlos Magno etc.).

Compõe este segundo grupo de fatores a questão teológica nascida do acréscimo no Credo da expressão *Filioque* em relação à procedência eterna do Espírito Santo, feito pela Igreja latina em 1014, para ser cantado na celebração de coroação do Imperador Henrique II, o que foi considerado pelo Oriente uma ação cismática unilateral, visto que parecia violar o

---

[4] ROSSI, M. T. *Manuale di ecumenismo*. Brescia: Queriniana, 2012, p. 208-209.

cânone sétimo do Concílio de Éfeso (431), que proibia a constituição de um credo diferente (*hetera pistis*).

As disputas nos séculos VIII-XI concernentes à iconoclastia (isto é, à polêmica sobre o uso religioso das imagens) e a conhecida questão do *primado petrino* (ainda hoje entre as de maior importância ecumênica, à base de enormes dificuldades que travam o processo de unidade entre os cristãos) também são elementos que devem ser levados em consideração dentro do contexto deste segundo grupo.

Naquela situação de erosão contínua das relações políticas, culturais e teológicas, em que a separação se torna quase inevitável, aconteceu a mútua excomunhão realizada entre os representantes de Roma e Constantinopla na Basílica de *Hagia Sophia*, no ano de 1054, o que, de certa forma, acabou recaindo como cisma sobre suas próprias Igrejas, selando a divisão entre elas por quase mil anos. Àquela altura já se vivia a distância e as dificuldades causadas pelos diferentes estilos de vida nos dois lados da Igreja, o que se traduzia no modo próprio de viver a fé, o que por alguns é hoje interpretado como *teologúmenos*[5] diversos.

---

[5] A expressão *teologúmeno* aponta, antes de tudo, para o resultado do esforço por entender a fé buscando conexões entre as suas proposições obrigatórias. A expressão é usada por diversos teólogos como, por exemplo, o octogenário teólogo alemão, Walter Kasper (KASPER, W. *Que todas sejam uma*. O chamado à unidade hoje. São Paulo: Loyola, 2008).

Roma e Constantinopla se separam

No contexto do objeto tema deste trabalho talvez seja importante refletir sobre o significado da excomunhão mútua entre Roma e Constantinopla. Tal ação cismática configurou-se como um trauma de forte impacto midiático e simbólico que atingiu a Igreja bem no coração, em grau bastante diferente daquela divisão do século V referida anteriormente, que teve uma repercussão política e religiosa de menor efeito. Tratava-se agora da Igreja de Roma e de Constantinopla. O Concílio de Constantinopla, de 381, havia conferido à sede de Constantinopla - seguindo um princípio político que identificava as regiões eclesiásticas como se fossem unidades estatais - a 'precedência de honra', o que fez com que ela assumisse o segundo lugar, depois de Roma. De fato, o cânone terceiro do Concílio de Constantinopla afirmava: o bispo de Constantinopla deve, "depois do bispo de Roma, possuir a primazia de honra, pois essa cidade é a segunda Roma"[6]. Assim, o novo cisma era agora entre a 1ª e a 2ª Roma, entre o apóstolo Pedro e seu irmão André, por assim dizer. Dessa vez, a ruptura entre o Oriente e o Ocidente cristãos não podia ser vinculada a nenhum acontecimento histórico preciso - como os eventos do século V -, mas era o resultado de um longo processo de afastamento e estranhamento, bem como de diferenças de múltiplas ordens, como visto.

---

[6] LENZENWEGER, J; STOCKMEIER, P; AMON, K. *História da Igreja Católica*. São Paulo: Loyola, 2006, p. 82.

A narrativa detalhada é já bastante conhecida e não será necessário repeti-la. Sabe-se que o Papa envia a sua delegação ao Patriarcado de Constantinopla para resolver questões pendentes entre as duas partes. As duas delegações - do Papa Leão IX (1002-1054) e a do Patriarca de Constantinopla Miguel Cerulário (1000-1059) - no entanto, sequer se encontraram, o que faz acreditar na "índole apaixonada dos protagonistas, pouco inclinados a um real esclarecimento equânime"[7]. Antes que o encontro pudesse, de fato, acontecer, em 16 de julho de 1054, já havia sido produzida a mútua excomunhão através de bulas postas sobre o altar da Basílica de Santa Sophia. A reação oriental foi o cancelamento do nome do Papa do *díptico*[8] em Bizâncio.

Aqueles gestos de divisão e rompimento de comunhão foram tão impactantes, que a percepção de um aspecto jurídico importante perdeu espaço. De fato, houve um grave vício jurídico naquele gesto do legado papal, o cardeal Humberto de Silva Candida, já que o Papa Leão IX havia morrido em 19 de abril de 1054, alguns meses antes de o cardeal ter deposto a bula de excomunhão. Todos aqueles gestos de Humberto foram feitos em nome de um papa morto e, portanto, eram inválidos. Nada disso, porém, diminuiu o dano causado pelo ato de excomunhão mútua realizado entre Igreja de Roma e Patriarcado Ecumênico de Constantinopla. Pode-se dizer que aquele não era um evento secundário.

---

[7] ROSSI, M. T. *Manuale di ecumenismo*, p. 211.
[8] A inscrição do nome de um bispo no *díptico* significa comunhão com aquela Igreja; sua remoção, falta de comunhão (*excomunhão*).

De fato, entrou para história com o nome de "O Grande Cisma".

O caminho de retorno

Um passo mais concreto em direção à unidade só foi dado depois de mais de 900 anos de separação entre Roma e Constantinopla, com o protagonismo de Papa Paulo VI e do Patriarca Atenágoras I[9]. Durante os dias 5 e 6 de Janeiro de 1964, Paulo VI anuncia uma peregrinação à Terra Santa. O lugar escolhido era perfeito para retomar o caminho da unidade entre as duas Igrejas. Em primeiro lugar, era o lugar do diálogo por excelência: diálogo entre Deus e o homem; depois, o lugar do nascimento da Igreja. Mais ainda: aquele lugar não fazia parte daquela ferida comum, não estava marcado pelas fortes impressões deixadas pelo passado em Roma e Constantinopla. Em 5 de Janeiro, no Monte das Oliveiras, em Jerusalém, o Papa Paulo VI e o Patriarca Atenágoras I se encontraram e se deram um abraço e o ósculo da paz, imagem comovente que marcou profundamente os cristãos em todo o mundo, especialmente os daquelas duas Igrejas. Há um belo texto que é, na verdade, a transcrição de uma conversa que deveria ter sido privada e que aconteceu às 21:30 horas, em 5 de janeiro de 1964, na

---

[9] Esse processo foi recordado pelo Papa João Paulo II naquele que foi o primeiro documento pontifício sobre o empenho ecumênico em âmbito católico: Cf. JOÃO PAULO, PP. *Ut unun sint*. Sobre o empenho ecumênico (25 mai. 1995), 52.

sede da Delegação Apostólica no Fanar. Um microfone da TV Rai - que não fora desligado por descuido - trouxe à luz toda a comoção daquele encontro que representava o fim de nove séculos de silêncio e marcava o recomeço de um tempo privilegiado de diálogo em vistas da superação daquela triste divisão de 1054. O texto foi publicado por Daniel Ange na obra *Paul VI, un regard prophétique* (1979) e, posteriormente, por *L'Osservatore Romano*, de 4 de janeiro de 2014. Aqui, propomos nossa tradução.

O Patriarca começa a conversa em Inglês.

Paulo VI: Entendo o inglês, mas não o falo fluentemente.

Patriarca Athenágoras: Então, falemos francês.

P: Assim será mais fácil para mim... quero lhe comunicar toda minha alegria, minha emoção. Verdadeiramente penso que é um momento em que vivemos na presença de Deus.

A: Na presença de Deus, repito-o.

P: E não tenho outro pensamento enquanto falo com o senhor, do que aquele de falar com Deus.

A:... Estou profundamente comovido, Sua Santidade. As lágrimas me vêm aos olhos.

P: E como é verdadeiramente um momento de Deus, devemos vivê-lo com toda a intensidade, toda a verdade, todo o desejo...

A: .... de seguir adiante.

P: ... de fazer avançar os caminhos de Deus. Tem Sua Santidade alguma indicação, algum desejo, ao qual eu pudesse corresponder?

A: Temos o mesmo desejo. Assim que eu li nos jornais que o senhor tinha decidido visitar este país, imediatamente pensei que poderíamos nos encontrar aqui e estava seguro que receberia, de Sua Santidade, a resposta.... (P: afirmativa) afirmativa, já que confio em Sua Santidade. Eu o vejo, eu o vejo

– sem querer adulá-lo – nos Atos dos apóstolos, eu o vejo nas Cartas de São Paulo, de quem o senhor toma o nome, eu o vejo aqui, sim, eu o vejo na...

P: Falo-lhe como irmão: saiba que tenho a mesma confiança no senhor.

A: Eu penso que a Providência escolheu o senhor para abrir o caminho dos seus...

P: A Providência nos escolheu para que nos entendêssemos.

A: Os séculos o esperavam para este dia, este grande dia... que alegria neste pequeno lugar. Que alegria havia no Sepulcro, que alegria havia no Gólgota, que alegria no caminho que o senhor fez ontem [a Via sacra].

P: Estou de tal maneira transbordante de impressões que será necessário muito tempo para deixar que se acalmem e que eu interprete toda esta riqueza de emoções que tenho em meu espírito. Mas quero aproveitar este momento para lhe assegurar a absoluta lealdade com a qual sempre tratarei com o senhor.

A: Lhe asseguro o mesmo.

P: Nunca lhe ocultarei a verdade.

A: Sempre terei confiança.

P: Não tenho nenhum desejo de decepcioná-lo, de abusar de sua boa vontade.

Não desejo outra coisa que seguir o caminho de Deus.

A: Tenho, em Vossa Santidade, uma confiança absoluta.

P: Me esforçarei sempre...

A: Sempre estarei ao seu lado.

P: Me esforçarei sempre para merecer sua confiança. Que Vossa Santidade saiba, desde este momento, que não cessarei nunca de orar todos os dias por Vossa Santidade e pelas intenções que temos em comum pelo bem da Igreja.

A: Nos foi feito o dom deste grande momento. Nós, por isso, permaneceremos juntos. Caminharemos juntos.... Ver Sua Santidade, a sua grande Santidade enviada por Deus, sim, o Papa de grande coração. O senhor sabe como o chamo? *megalòcardos*, "o Papa de *grande coração*".

P: Nós somos somente pequenos instrumentos.

A: Nós devemos ver as coisas assim.

P: Quanto menores somos, somos melhores instrumentos, quer dizer que a ação de Deus deve prevalecer (A: prevalecer) e ser a norma de todas as nossas ações. De minha parte, permaneço na docilidade, e desejo ser o mais obediente possível à vontade de Deus, e de ser para o senhor, Santidade, para seus irmãos, para seu ambiente, o mais compreensivo possível.

A: Acredito, sem necessidade de pedi-lo, acredito.

P: Eu sei que é difícil, eu sei que há problemas, que há uma mentalidade... (A: que há uma psicologia... dos dois lados), mas sei também que há uma grande retidão e o desejo de amar a Deus, de servir à causa de Jesus Cristo. É sobre isto que eu ponho minha confiança.

A: Nisto tenho confiança, juntos, juntos....

P: Não sei se este é o momento, mas vejo o que se deveria fazer: estudar juntos (A: estudar) ou designar alguém...

A: Sim, de ambos os lados.

P: Eu desejaria conhecer qual é a ideia de Vossa Santidade, de sua Igreja, sobre a constituição da Igreja. É o primeiro passo.

A: Seguiremos suas sugestões.

P: Lhe direi o que acredito ser exato, o que acredito derivar do Evangelho, da vontade de Deus e da autêntica tradição. Lhe expressarei...

A: O mesmo da minha parte.

P: Se houver pontos que não coincidem com sua ideia sobre a constituição da Igreja.... Discutiremos, procuraremos encontrar a verdade.

A: O mesmo de nossa parte e tenho certeza que sempre estaremos juntos.

P: Eu espero, penso, que provavelmente, será mais fácil do que nós pensamos.

A: Faremos todo o possível.

P: Há 2 ou 3 pontos de doutrina em que houve, da nossa parte, uma evolução de pensamento devido aos novos estudos. Exporemos o porquê desta evolução à Vossa Santidade e a seus teólogos. Não queremos pôr nada de artificial nem acidental nisto que pensamos ser o pensamento autêntico.

A: No amor de Jesus Cristo.

P: E uma outra coisa que poderia parecer secundária, mas que tem sua importância: tudo o referente à disciplina, às honras, às

prerrogativas, estou bem-disposto a escutar
o que Sua Santidade acreditar ser o melhor.
A: O mesmo da minha parte
P: Nenhuma questão de prestígio, de primazia que não seja o
que foi fixado por Cristo; absolutamente nada que trate de
honras e privilégios. Vejamos o que Cristo nos pede e que cada
um tome sua posição, mas sem nenhuma ambição humana de
prevalecer, de ter glórias, vantagens, mas sim de servir.
A: Como o senhor me é caro no mais profundo de meu
coração....!
P: ...mas de servir!

Menos de dois anos depois daquele encontro,
um dia antes da conclusão do Concílio Vaticano II, em
7 de dezembro de 1965, veio o gesto tão esperado: o
cancelamento da mútua excomunhão. Dentre outras
coisas, o texto da Declaração Conjunta assinada por
Paulo VI e Atenágoras I e lida na sessão pública
conciliar daquele dia - ao mesmo tempo em que era
lida no El Fanar, do Patriarcado de Constantinopla -,
afirmava:

> Por isso, o Papa Paulo VI e o Patriarca Atenágoras
> I e seu Sínodo, seguros de expressar o desejo
> comum de justiça e o sentimento unânime de
> caridade de seus fiéis e recordando o preceito do
> Senhor: "quando fores apresentar tua oferenda
> ao altar, se ali te lembrares de que teu irmão tem
> alguma queixa contra ti, deixa tua oferenda ali,
> diante do altar, e vai primeiro reconciliar-te com
> teu irmão" (Mt. 5,23-24), declaram de comum
> acordo:

> a) Lamentar as palavras ofensivas, as recriminações
> sem fundamento e os gestos imperdoáveis que de
> uma e outra parte caracterizaram e acompanharam
> os tristes acontecimentos daquela época.

b) Lamentar igualmente e apagar da memória e da Igreja as sentenças de excomunhão que lhes seguiram e cuja lembrança atua até nossos dias como um obstáculo à aproximação na caridade, relegando-as ao esquecimento.

c) Deplorar, finalmente, os lamentáveis precedentes e os acontecimentos ulteriores que, sob a influência de diferentes fatores, entre os quais contaram a incompreensão e a desconfiança mútua, levaram finalmente à ruptura efetiva da comunhão eclesiástica[10].

Não teríamos condições de passar em revista a toda a história das relações entre Roma e Constantinopla desde então. Basta-nos lembrar que, a partir de 1969, teve início o que hoje é considerada uma tradição de intercâmbio anual de delegações formais nas respectivas festas patronais das duas Igrejas irmãs: no dia 29 de junho em Roma, para a solenidade dos santos Pedro e Paulo; e em 30 de novembro em Istambul, para a festa de santo André. Um acontecimento marcante acontecido durante um destes encontros ao Fanar, foi a tão desejada composição da *Comissão Mista Internacional para o Diálogo Teológico entre a Igreja Católica e a Igreja Ortodoxa*, feita pelo Papa João Paulo II e o Patriarca Demétrio I, em 30 de novembro de 1979. Esta comissão chegou em setembro de 2014 à sua XIII reunião plenária com o esperado e espinhoso tema *sinodalidade e primado* em que

---

[10] Joint Catholic-Orthodox declaration of his holiness Pope Paul VI and the ecumenical Patriarch Athenagoras I, 4. Disponível em: http://www.vatican.va/roman_curia/pontifical_councils/chrstuni /ch_orthodox_docs/rc_pc_chrstuni_doc_19671028_athenagoras-i-paul-vi_en.html. Acesso em: 12 ago. 2015.

buscou-se refletir sobre a relação entre o *primado petrino* e a *sinodalidade*, ou seja, aspectos que tocam o próprio papel do bispo de Roma na Igreja universal.

Francisco, Bartolomeu e a proposta de um caminho de unidade

No dia 13 de março de 2013, o cardeal Jorge Mario Bergoglio foi eleito Pontífice da Igreja Católica Apostólica Romana. Em sua primeira aparição pública, o neo-eleito Pontífice surpreendeu:

> Irmãos e irmãs, boa noite. Vocês sabem que o dever de um conclave é dar um bispo a Roma. Parece que os meus irmãos cardeais foram buscar-me quase até ao fim do mundo. Mas aqui estamos. Agradeço a vossa hospitalidade. A comunidade diocesana de Roma já tem o seu bispo. Obrigado.
> [...] E agora, vamos começar esta jornada: o bispo e o povo. É o caminho da Igreja de Roma, que preside à caridade em todas as igrejas. Um caminho de fraternidade, amor e confiança entre nós.
> [...] Espero que este caminho da Igreja – que hoje começa e em que serei ajudado pelo cardeal vigário, aqui ao meu lado – seja frutífero para a evangelização desta cidade tão bonita.
> [...] Agora, vou abençoar-vos e a todo o mundo, a todos os homens e mulheres de boa vontade. Agora deixo-vos. Obrigado por tamanha hospitalidade. Ver-nos-emos em breve. Amanhã

vou rezar à Nossa Senhora para que proteja Roma. Boa noite e bom descanso[11].

O Papa chama a si mesmo não de pontífice ou papa, mas *bispo de Roma*; volta-se diversas vezes ao *seu povo*, a *comunidade diocesana de Roma*; apresenta o seu *auxiliar na nova missão*, o *cardeal vigário da diocese de Roma*; fala da *Igreja de Roma* que *preside na caridade* às demais, fórmula de alto valor ecumênico e grande estima para o Oriente cristão; por fim, abençoa a todos os homens e mulheres de boa vontade, assegurando a sua oração à Maria *para que proteja a cidade de Roma*. Sinais que rapidamente contaram a favor do Papa no mundo inteiro, em geral, e nas Igrejas orientais, em particular.

No Oriente, do outro lado do mundo, na antiga Constantinopla, um surpreendente e quase imediato eco da escolha do novo Pontífice Romano foi sentido. Trata-se da reação - por si só, de enorme alcance simbólico - do Patriarca Ecumênico de Constantinopla, Bartolomeu I. Provavelmente, pela primeira vez na história, um Patriarca de Constantinopla se faria presente à cerimônia inaugural de um bispo de Roma. Para além deste inédito e sintomático evento, a decisão do Patriarca Bartolomeu mostrou ao mundo que para ele as relações e busca de

---

[11] FRANCISCO, PP. *Benção apostólica "urbi et orbi"*. Primeira saudação do Papa Francisco (13 mar. 2013). Disponível em: http://w2.vatican.va/content/francesco/pt/speeches/2013/march/documents/papa-francesco_20130313_benedizione-urbi-et-orbi.html. Acesso em: 10 mai. 2015; BORGES NETO, R.S. *Primado petrino: posições, exercício, perspectivas*. Atualidade Teológica, Rio de Janeiro, v.45, p. 531-552, set./dez. 2013, p. 547-548.

unidade com a Igreja Católica Romana são prioritárias, o que foi confirmado através de outros acontecimentos posteriores.

No dia 25 de maio de 2014, pouco mais de um ano depois da solene celebração de início do novo pontificado, os 50 anos daquele encontro extraordinário entre o Papa Paulo VI e o Patriarca Atenágoras I foi comemorado em um outro encontro entre Francisco e Bartolomeu, também em Jerusalém. Durante os dias 24 e 26 de maio, Papa Francisco - assim como Paulo VI - foi como peregrino à Terra Santa. O papa e o patriarca se encontraram no Santo Sepulcro para orar.

No final do encontro foi feita uma declaração comum em que se recorda com gratidão o gesto de Paulo VI e Atenágoras I, renovavam o compromisso da firme decisão de caminhar em direção à plena comunhão, o apoio à Comissão Mista Internacional, a promoção do diálogo inter-religioso *autêntico*, da defesa da família e da dignidade da pessoa humana em todas as suas fases de vida. Além disso, a preocupação comum pela situação de sofrimento de países como o Egito, a Síria e o Iraque - com seus cristãos martirizados em tempos recentes - também foi pauta da declaração. Em um pronunciamento do Papa na Audiência Geral de 28 de maio, dois dias após seu retorno a Roma, recordando os dias passados na Terra Santa, o pontífice afirmou:

> Mais uma vez, como fizeram os Papas precedentes, peço perdão pelo que fizemos para favorecer esta

divisão, e suplico ao Espírito Santo que nos assista a sarar as feridas por nós causadas aos outros irmãos. Todos nós somos irmãos em Cristo e, com o Patriarca Bartolomeu somos amigos e irmãos, e compartilhamos a vontade de caminhar juntos, para levar a cabo tudo o que pudermos fazer doravante: rezar e trabalhar juntos em favor da grei de Deus, procurar a paz, preservar a criação; temos muito em comum. E, como irmãos, devemos ir em frente[12].

Mais surpreendente ainda - mostrando frutos quase imediatos daquele último encontro - foi a declaração que o Patriarca Bartolomeu fez à Agência de notícias *Asia News*, publicada depois no site espanhol de notícias *Religión Digital*, em 29 de maio de 2014: "concordamos em deixar como herança para nós mesmos e nossos sucessores o encontrar-se em Niceia em 2025, para celebrar todos juntos, após 17 séculos, o primeiro sínodo verdadeiramente ecumênico, de onde saiu o Credo"[13]. Mesmo que estejamos ainda há 10 anos deste encontro e que seus detalhes sejam, até agora, quase totalmente desconhecidos (Qual a sua natureza? Quem irá participar? etc.), essa declaração demostrou que as Igrejas estão trabalhando sobre um simbolismo

---

[12] FRANCISCO, PP. *Audiência geral* (28 mai. 2014). Disponível em: http://w2.vatican.va/content/francesco/pt/audiences/2014/documents /papa-francesco_20140528_udienza-generale.html. Acesso em: 10 mai. 2015.

[13] Francisco y Bartolomé acuerdan que sus sucesores se encontrarán en Nicea en 2025. In: *Religión Digital* (redação). Disponível em: http://www.periodistadigital.com/religion/otrasconfesiones/2015/06/27/ el-papa-reza-para-que-la-plena-comunion-visible-entre-ortodoxos-y-catolicos-sea-restablecida-religion-iglesia-bartolome-pedro-pablo.shtml. Acesso em: 24 ago. 2015.

poderoso. De fato, o Concílio de Niceia (atual Iznik, na Turquia, há 130 quilômetros de Istambul) foi o primeiro concílio da Igreja, e reuniu, em 325, mais de 300 bispos do Oriente e do Ocidente, sendo geralmente considerado como o Concílio Ecumênico por excelência. De fato, nele foi elaborado o Credo da Igreja, ainda hoje recitado durante a liturgia no Oriente e Ocidente, com pequenas variações.

Os encontros se seguem em ritmo, quase se poderia dizer, acelerado, demonstrando certa pressa do pontífice e do patriarca. Apenas seis meses depois daqueles últimos eventos, durante os dias 28 e 30 de novembro de 2014, Papa Francisco encontra-se mais uma vez com o Patriarca Ecumênico Bartolomeu I, desta vez durante sua visita à Turquia. No dia 30, em Istambul, durante a Solenidade de Santo André, na Igreja Patriarcal de São Jorge, um passo ainda maior em direção à plena unidade entre as Igrejas fora dado. Diante do Patriarca e de todo Santo Sínodo[14], bem como de diversas autoridades presentes, e depois de ter afirmado que a comunhão "não significa submissão de um ao outro nem absorção, mas sim acolhimento de todos os dons que Deus deu a cada um para manifestar ao mundo inteiro o grande mistério da

---

[14] A autoridade suprema na Igreja Católica Apostólica Ortodoxa é o Santo Sínodo Ecumênico. É composto por de todos os patriarcas chefes das igrejas autocéfalas (são 14 ao todo, sendo nove patriarcais) e os arcebispos primazes das igrejas autônomas.

salvação realizado por Cristo Senhor por meio do Espírito Santo"[15], Francisco afirmou:

> Quero assegurar a cada um de vós que, para se chegar à suspirada meta da plena unidade, a Igreja Católica não tem intenção de impor qualquer exigência, exceto a da profissão da fé comum, e que estamos prontos a buscar juntos, à luz do ensinamento da Escritura e da experiência do primeiro milênio, as modalidades pelas quais garantir a necessária unidade da Igreja nas circunstâncias atuais. A única coisa que a Igreja Católica deseja e que eu procuro como Bispo de Roma, "a Igreja que preside na caridade", é a comunhão com as Igrejas ortodoxas[16].

Essas palavras, vindas de um Pontífice Romano, possuem um alto – poder-se-ia mesmo dizer, *altíssimo* – valor ecumênico. Em um artigo da prestigiosa revista de Teologia *La Civiltà Cattolica* dos jesuítas de Roma e intitulado *"Per giungere alla piena unità. Dal Concilio di Firenze all'abbraccio di Istambul"*[17], Pe. Giancarlo Pani, S.J., professor de História do Cristianismo na *Università "La Sapienza" di Roma* nota muito bem que, com essas palavras, Francisco iniciou a formulação de uma proposta concreta de união destinada a ter muito peso

---

[15] FRANCISCO, PP. *Divina liturgia na Igreja Patriarcal de São Jorge:* http://w2.vatican.va/content/francesco/pt/homilies/2014/documents/papa-francesco_20141130_divina-liturgia-turchia.html. Acesso em: 10 mai. 2015.

[16] *Ibidem.*

[17] *Para alcançar a plena unidade.* Do Concílio de Florença ao abraço de Istambul, em tradução livre. Caderno n. 3951 de 07 fev. 2015 - (Civ. Catt. I, p. 209-312).

nas relações ecumênicas com o Oriente. O autor recorda ainda em seu artigo que o Papa provavelmente teria evocado essa ideia a partir de uma moção feita pelo então cardeal Ratzinger, em 1982, quando afirmou:

> Roma não deve exigir do Oriente uma doutrina do primado diferente da que foi formulada e vivida no primeiro milênio. Se no dia 25 de julho de 1967, por ocasião da visita do Papa a Fanar, o patriarca Atenágoras o reconheceu como sucessor de Pedro, e como o primeiro em honra entre nós e presidente na caridade, encontra-se já, nos lábios deste grande dirigente eclesiástico, o conteúdo essencial das sentenças do primado no primeiro milênio. E Roma não deve pedir mais. A união poderia ser conseguida aqui com base em que, por um lado, o Oriente renuncie a combater como herética a evolução ocidental do segundo milênio e aceite como correta e ortodoxa a forma que a Igreja Católica foi adquirindo ao longo dessa evolução. E, vice-versa, o Ocidente deveria reconhecer como ortodoxa e correta a Igreja do Oriente sob a forma que lhe conferiu sua vitalidade[18].

De fato, durante todo o primeiro milênio, ainda que com adversidades que não deixaram de estar presentes, as Igrejas orientais reconheciam o primado de Roma como aquela "que preside na caridade". O segundo milênio foi testemunha de

---

[18] RATZINGER, J. *Teoría de los principios teológicos*. Materiales para uma teologia fundamental. Barcelona: Herder, 1985, p. 238-239 *apud*: NAVARRO, J.B. *Para compreender o ecumenismo*. São Paulo: Loyola, 1995, p. 170.

uma ampliação de poderes jurisdicionais da parte de Roma que é, frequentemente, denunciado por parte das Igrejas ortodoxas e que parece encontrar algum contraponto nas palavras de Francisco, quando afirma que a comunhão não significa nem submissão de um ao outro, nem absorção de qualquer forma, mas sim plena abertura mútua para acolher todos os dons que Deus deu a cada uma das Igrejas para manifestar ao mundo inteiro a grandeza do mistério da salvação realizado por Cristo Senhor por meio do Espírito Santo. Aqui aponta-se, inclusive, para o significado mais profundo do ecumenismo: o testemunho comum a todo o mundo do amor de Deus, do mistério salvífico realizado pelo Pai em Jesus Cristo na força do Espírito Santo.

Pe. Giancarlo Pani nota ainda que o Papa na verdade fez eco de uma antiga fórmula de união que tinha sido aprovada entre latinos e orientais no Concílio de Florença, em 1439, o último dos concílios em que se procurou, de fato, a reunificação dos cristãos orientais e ocidentais. Ali foram tratados diversos assuntos polêmicos com os gregos, dentre eles a questão do *Filioque* (*Ex Patre per Filium / Ex Patre Filioque*), ou seja, da procedência eterna do Espírito Santo. À questão se o Espírito Santo procede do Pai pelo Filho ou do Pai e do Filho, o concílio apontava para a liberdade de expressar tanto uma fórmula como outra, não vendo nelas oposição, mas complementariedade. Os orientais aceitaram ambas as fórmulas desde que o *Filioque* não fosse recitado no credo ortodoxo. Também fora tratada a questão do *primado petrino.* Os gregos estavam dispostos a reconhecer Roma como a primeira na Pentarquia (Roma, Constantinopla, Alexandria, Antioquia e Jerusalém), mas queriam certa limitação dos direitos pontifícios através do reconhecimento dos direitos dos outros patriarcas. Naquela ocasião, foi formulado o seguinte texto:

> Igualmente definimos que a santa Sé Apostólica e o Romano Pontífice tem o primado sobre todo o universo e que o mesmo Romano Pontífice é o sucessor do bem-aventurado Pedro, príncipe dos Apóstolos, é verdadeiro vigário de Cristo, cabeça de toda a Igreja, pai e doutor de todos os cristãos; e que nosso Senhor Jesus Cristo transmitiu a ele, na pessoa do bem-aventurado Pedro, o pleno poder de apascentar, reger e governar a Igreja universal, como é atestado também nas atas dos concílios ecumênicos e nos sagrados cânones. Renovamos, além disso, a disposição transmitida nos cânones a observar entre os outros veneráveis patriarcas: que o patriarca de Constantinopla seja o segundo depois do santíssimo Pontífice Romano, o patriarca de Alexandria o terceiro, o de Antioquia o quarto, o de Jerusalém o quinto, salvaguardados, evidentemente, todos os seus privilégios e direitos. (DS 1308).

A palavra do concílio, no entanto, foi rapidamente objeto de uma hermenêutica diferenciada. Enquanto o Oriente entendia a sentença *como é atestado também nas atas dos concílios ecumênicos e nos sagrados cânones* como um instrumento *restritivo* - ou seja, que redimensionava as pretensões pontifícias a partir dos concílios ecumênicos existentes -, o Ocidente a via como elemento meramente *explicativo*. De fato, mesmo tendo-se chegado a termos comuns com ata conciliar assinada por ambas as partes, sabe-se que o concílio não obteve êxito no Oriente e que, em brevíssimo tempo (alguns até durante a viagem de retorno), alguns orientais retiraram seus nomes da ata.

Conclusão

No que tange aos nossos dias, a Igreja vive uma oportunidade verdadeiramente única na história. Nota-se urgência dos dois lados e mesmo que - como é importante lembrar - o Patriarca Bartolomeu não represente todo o Oriente cristão, a plena e visível unidade entre as Igrejas de Roma e Constantinopla teria um extraordinário impacto no mundo cristão e poderia gerar uma reação em cadeia em relação às outras Igrejas orientais mais esquivas. Sabe-se, no entanto, que é daquele *sopro do Espírito* (o mesmo que impulssionara o Papa Paulo VI e o Patriarca Atenágoras) que depende a verdadeira unidade, e isso não cansam de repetir Francisco e Bartolomeu. Mas não é menos verdadeira a percepção de que esse sopro divino pareça estar especialmente em ato nesses últimos anos através das ações de ambos.

Finalmente, será importante acompanhar de perto os encontros entre Francisco e Bartolomeu - especialmente nos dias dos respectivos santos patronos -, pois ao que parece, ainda que seja necessária muita paciência e cautela, ambos estão dispostos a fazer algo concreto pela unidade perdida da Igreja ainda em seu tempo. Querem indicar, uma vez mais - como o fizera antes São Paulo - aquele *caminho que ultrapassa todos os outros*: o caminho do amor e da unidade.

> Aspirai aos dons mais altos. Vou
> indicar-vos um caminho que
> ultrapassa a todos. [...]
> O amor é paciente,
> o amor é prestativo,
> não é invejoso, não é arrogante
> nem orgulhoso,
> nada faz de inconveniente, não
> procura o seu próprio interesse,
> não se irrita nem guarda
> ressentimento.
> Não se alegra com a injustiça,
> mas se rejubila com a verdade.
> Tudo desculpa, tudo crê, tudo
> espera, tudo suporta.
> O Amor jamais passará. [...]
> Agora permanecem estas três
> coisas: a fé, a esperança e o amor;
> mas a maior de todas é o Amor.
>
> (1 Cor 12, 31; 13, 1.4-8a.13)

AUTORES

André Marcelo M. Soares
Cursou Filosofia (1990) na Escola Teológica da Congregação Beneditina do Brasil. Possui graduação (1994), mestrado (1997) e doutorado (2000) em Teologia pela PUC-Rio. Realizou pós-doutorado em Teologia (2008), sob a supervisão da Prof.ª Dr.ª Maria Clara Lucchetti Bingemer (Departamento de Teologia da PUC-Rio); pós-doutorado em Ética Biomédica (2009), sob a supervisão do Prof. Dr. Aníbal Gil Lopes (Instituto de Biofísica Carlos Chagas Filho da UFRJ); pós-doutorado em Bioética (2010), sob a supervisão do Prof. Dr. Aníbal Gil Lopes (IBCCF/UFRJ) e com a participação do Prof. Dr. Daniel Serrão (Instituto de Bioética da Universidade Católica Portuguesa - Porto).

Antonio Luiz G. Albernaz
Graduado em Medicina pela Universidade Federal do Rio de Janeiro (UFRJ). Médico pediatra do corpo clínico do Instituto Nacional de Saúde da Mulher, da Criança e do Adolescente Fernandes Figueira (IFF/FIOCRUZ). Possui especialização em Psiquiatria e Psicanálise com crianças e adolescentes pelo Instituto de Psiquiatria (IPUB) da Universidade Federal do Rio de Janeiro (UFRJ). Tem atuado nas seguintes áreas: saúde do adolescente, saúde mental, consumo de substâncias psicoativas e gestão de sistemas de saúde.

Benigno Sobral
Graduado em Ciências Biológicas pela Universidade Gama Filho (UGF), especialização em Saúde do Trabalhador e Ecologia Humana pela Escola Nacional de Saúde Pública (ENSP/FIOCRUZ), especialização em Ciências da Religião pela Universidade Estácio de Sá (UNESA) e mestre em Educação pela Universidad de La Habana. Integrante do Grupo de Trabalho para a criação da Universidade Aberta da Terceira

Idade (UnATI/UERJ) e seu professor de *Introdução à Gerontologia Social* no período de agosto de 1993 a junho de 2014, além de preceptor do estágio em Gerontologia do curso de especialização em Geriatria e Gerontologia da mesma Universidade, filiado à Associação Brasileira de Pós-graduação em Saúde Coletiva (ABRASCO).

Maria Madalena Soares de Souza Esteves

Graduada em Direito pela Universidade Estácio de Sá (UNESA). Advogada especialista em Direito Tributário pelo Instituto Brasileiro de Estudos Tributários (IBET) e em Direito do Trabalho e Processo pela Universidade Veiga de Almeida (UVA). Atualmente cursa o mestrado em Bioética, Ética Aplicada e Saúde Coletiva pela FIOCRUZ.

Renato da Silveira Borges Neto

Graduado em Filosofia pelo Instituto Teológico e Pastoral do Ceará (ITEP) – atual Faculdade Católica de Fortaleza, graduado em Administração de Empresas pela Universidade Estácio de Sá (UNESA), bacharel, mestre e doutor em Teologia Dogmática pela Pontifícia Università di San Tommaso d'Aquino (Angelicum) – Roma, com pós-doutorado em Espiritualidade e Tanatologia pela Escola de Enfermagem Anna Nery (EEAN/UFRJ). É membro do grupo de pesquisa *Ética e Enfermagem* (CNPq), da Escola de Enfermagem Anna Nery (EEAN/UFRJ), membro do Comitê de Ética em Pesquisa (CEP) do INCA-Ministério da Saúde e membro titular da Academia Fides et Ratio (AFR).

EDIÇÕES ANTERIORES

VV.AA. (2014). *Conhecimento e sociedade IV*: o movimento da vida na variação das ideias. Rio de Janeiro: Real Engenho, 140p.

VV.AA. (2013). *Conhecimento e sociedade III*: antigos paradigmas, novas hermenêuticas. Rio de Janeiro: Real Engenho, 136p.

VV.AA. (2012). *Conhecimento e sociedade II*: reflexões transversais. Rio de Janeiro: Real Engenho, 188p.

VV.AA. (2011). *Conhecimento e sociedade*: a memória do presente na construção do futuro. Rio de Janeiro: Real Engenho, 153p.

Real Engenho